职业教育改革创新示范教材

Qiche Fadongji Kongzhi Xitong
汽车发动机控制系统
Zhenduan yu Weixiu
诊断与维修

（第二版）

黄关山　肖　旭　黎　军　**主　编**

李洪泳　韩彦明　**副主编**

人民交通出版社股份有限公司
China Communications Press Co.,Ltd.

内 容 提 要

本书是职业教育改革创新示范教材之一,其主要内容包括:发动机电控系统的认识、发动机控制系统故障诊断的基本方法、电控发动机燃油控制系统的检修、电控发动机进气控制系统的检修、电控发动机点火控制系统的检修、电控发动机排放控制系统的检修,共十九个学习任务。

本书可作为职业院校汽车运用与维修专业的教材,也可供汽车维修及相关技术人员参考阅读。

图书在版编目(CIP)数据

汽车发动机控制系统诊断与维修/黄关山,肖旭,黎军主编. —2版. —北京:人民交通出版社股份有限公司,2016.9
职业教育改革创新示范教材
ISBN 978-7-114-13239-1

Ⅰ.①汽… Ⅱ.①黄… ②肖… ③黎… Ⅲ.①汽车—发动机—控制系统—故障诊断—职业教育—教材 ②汽车—发动机—控制系统—车辆修理—职业教育—教材
Ⅳ.①U472.43

中国版本图书馆 CIP 数据核字(2016)第 185651 号

职业教育改革创新示范教材
书　　名：**汽车发动机控制系统诊断与维修(第二版)**
著 作 者：黄关山　肖　旭　黎　军
责任编辑：翁志新　李　良
出版发行：人民交通出版社股份有限公司
地　　址：(100011)北京市朝阳区安定门外外馆斜街 3 号
网　　址：http://www.ccpress.com.cn
销售电话：(010)59757973
总 经 销：人民交通出版社股份有限公司发行部
经　　销：各地新华书店
印　　刷：北京虎彩文化传播有限公司
开　　本：787×1092　1/16
印　　张：14.5
字　　数：335 千
版　　次：2012 年 1 月　第 1 版
　　　　　2016 年 9 月　第 2 版
印　　次：2023 年 7 月　第 2 版　第 4 次印刷　总第 9 次印刷
书　　号：ISBN 978-7-114-13239-1
定　　价：33.00 元

(有印刷、装订质量问题的图书由本公司负责调换)

职业教育改革创新示范教材编委会

(排名不分先后)

主　　任：刘建平(广州市交通运输职业学校)
　　　　　　杨丽萍(阳江市第一职业技术学校)

副 主 任：黄关山(珠海城市职业技术学院)　周志伟(深圳市宝安职业技术学校)
　　　　　　邱今胜(深圳信息职业技术学院)　朱小东(中山市沙溪理工学校)
　　　　　　侯文胜(佛山市顺德区中等专业学校)　韩彦明(佛山市华材职业技术学校)
　　　　　　庞柳军(广州市交通运输职业学校)　程和勋(中山市中等专业学校)
　　　　　　冯　津(广州合赢教学设备有限公司)　邱先贵(广东文舟图书发行有限公司)

委　　员：谢伟钢、孟婕、曾艳(深圳市龙岗职业技术学校)
　　　　　　李博成(深圳市宝安职业技术学校)
　　　　　　罗雷鸣、陈根元、马征(惠州工业科技学校)
　　　　　　邱勇胜、何向东(清远市职业技术学校)
　　　　　　刘武英、陈德磊、阮威雄、江珠(阳江市第一职业技术学校)
　　　　　　苏小举(珠海市理工职业技术学校)
　　　　　　陈凡主(中山市沙溪理工学校)
　　　　　　刘小兵(广东省轻工高级职业技术学校)
　　　　　　许志丹、谭智男、陈东海、任丽(佛山市华材职业技术学校)
　　　　　　孙永江、李爱民(珠海市斗门区第三中等职业学校)
　　　　　　欧阳可良、马涛(佛山市顺德区中等专业学校)
　　　　　　周德新、张水珍(河源理工学校)
　　　　　　谢立梁(广州市番禺工贸职业技术学校)
　　　　　　范海飞、闫勇(广东省普宁职业技术学校)
　　　　　　温巧玉(广州市白云行知职业技术学校)
　　　　　　李维东、冯永亮、巫益平(佛山市顺德区郑敬怡职业技术学校)
　　　　　　王远明、郑新强(东莞理工学校)
　　　　　　程树青(惠州商业学校)
　　　　　　高灵聪(广州市信息工程职业学校)
　　　　　　黄宇林、邓津海(广东省理工职业技术学校)
　　　　　　张江生(湛江机电学校)
　　　　　　任家扬(中山市中等专业学校)
　　　　　　邹胜聪(深圳市第二职业技术学校)

丛书总主审：朱　军

第二版前言
PREFACE TO THE SECOND EDITION

"十二五"期间,人民交通出版社以职教专家、行业专家、学校教师、出版社编辑"四结合"的模式开发出了"职业教育改革创新示范教材",受到广大职业院校师生的欢迎。

随着职业教育教学改革的不断深入,学校对课程、教材的内容与形式提出了更高的要求。《教育部关于深化职业教育教学改革全面提高人才培养质量的若干意见》(教职成[2015]6号)中提出:对接最新职业标准、行业标准和岗位规范,紧贴岗位实际工作过程,调整课程结构,更新课程内容,深化多种模式的课程改革。要普及推广项目教学、案例教学、情景教学、工作过程导向教学,广泛运用启发式、探究式、讨论式、参与式教学,充分激发学生的学习兴趣和积极性。根据文件精神,人民交通出版社组织专家和编者,对已出版的"职业教育改革创新示范教材"进行了全面修订,对个别不能完全适应学校教学的教材进行了重新整合,并增加了几种学校急需教材,更新了教材内容,并对教材中的错漏进行了修改。

《汽车发动机控制系统诊断与维修》是其中一本,此次修订,对部分项目进行了调整:把电控发动机怠速控制系统的检修内容并入电控发动机进气控制系统的检修;把发动机控制系统诊断的内容前移;全书的任务减少为19个;对部分陈旧的内容、数据和老车型进行了更新;配套的电子课件也进行了修订。

本书由珠海城市职业技术学院黄关山、珠海市理工职业技术学校肖旭、黎军担任主编,由江门市新会机电职业技术学校李洪泳、佛山市华材职业技术学校韩彦明担任副主编。全书由黄关山统稿。

职业教育改革创新示范教材编委会

2016年6月

第一版前言 PREFACE

　　随着我国汽车市场的蓬勃发展，一方面汽车维修行业对专业技术人员的需求越来越大，另一方面，汽车技术的快速更新，也对汽车维修技术人员的要求越来越高。如何培养既符合市场需求又符合学生发展需要的汽车维修专业技术人才，是目前职业院校急需解决的问题。

　　随着职业教育改革的不断深化，根据教育部"以就业为导向，以服务为宗旨，以能力为本位"的职业教育方针，本书在编写过程中，创新教育理念，紧密围绕以工作过程和专业岗位技能需求构建教学内容，以岗位工作任务为主线，使教学过程围绕工作任务开展，以实用、够用兼顾培养学生可持续发展的学习能力为原则对课程内容进行整合。同时为了全面培养学生的综合能力，有效提高学生的整体素质和职业能力，在课程中引入"整理、整顿、清扫、清洁、自律、自强"的6S管理理念，把职业能力培养融入技能教学中，在培养学生专业技能的同时提升学生的综合素质，养成良好的行为习惯。

　　本书力图把专业知识与具体工作任务和职业能力培养结合起来，使学生在技能操作过程中，有具体的工作指导和工作规范，有明确的工作目标，激发学生的求知欲，提高学生的学习兴趣，调动学生学习的积极性。本课程按照一体化教学方案设计，不仅有利于学生专业知识和维修经验的建构，而且有利于拉近学校课堂教学与企业生产的距离，体现专业技术特征和职业特性，让学生感受职业氛围；同时还有利于学校资源的调用，提高资源的利用率；开展一体化教学还有利于新技术、新工艺、新产品快速引入专业教学，保持教材、生产实际、学生和实训设备的协调。

　　本书最突出的特点是，把全国中职学生技能竞赛的发动机故障诊断项目融入日常教学当中，按照技能竞赛的标准要求学生，以期真正实现"以赛促教，以赛促学"的目的。同时,让学生在工作过程中带着问题去思考、去工作,每一个工作任务都有具体的、明确的、规范的指导,不仅让学生了解怎么做,还让学生明白为什么这么做,从而掌握相关的工作规范和要求。每个学习任务后面都设计有学习评价表对学生的学习过程进行综合评价和反馈。

　　本课程建议采用一体化教学模式,不同的学校在教学过程中可以根据学校具体的教学设备和教学安排调整教学内容,灵活安排教学计划。

　　本书由珠海理工职业技术学校黄关山、肖旭、黎军担任主编,由江门市新会机电职业技术学校李洪泳、佛山市华材职业技术学校韩彦明担任副主编,参加编写的还有蒋飞、孔国彦、朱杰。全书由黄关山统稿。本书在编写过程中,得到许多专家和同行的帮助,在此表示衷心的感谢。

　　由于编者的水平有限,书中难免有不足之处,敬请各位老师、专家和学生以及广大读者批评指正。

编者
2011 年 6 月

目录 CONTENTS

项目一　发动机电控系统的认识　/　1

　　学习任务一　　丰田5A-FE发动机电控系统的认识 …………………………………… 1
　　学习任务二　　丰田1ZR发动机电控系统的认识 ……………………………………… 13
　　学习任务三　　大众AJR发动机电控系统的认识 ……………………………………… 20

项目二　发动机控制系统故障诊断的基本方法　/　27

　　学习任务四　　丰田轿车发动机电控系统的故障诊断 ………………………………… 27
　　学习任务五　　大众轿车发动机电控系统的故障诊断 ………………………………… 41

项目三　电控发动机燃油控制系统的检修　/　49

　　学习任务六　　燃油泵的检查和燃油系统压力的检测 ………………………………… 49
　　学习任务七　　喷油器的检查与清洗 …………………………………………………… 61

项目四　电控发动机进气控制系统的检修　/　80

　　学习任务八　　热线式空气流量计的检测 ……………………………………………… 80
　　学习任务九　　进气歧管绝对压力传感器的检测 ……………………………………… 93
　　学习任务十　　节气门位置传感器的检测 ……………………………………………… 102
　　学习任务十一　怠速控制阀的检修 ……………………………………………………… 111
　　学习任务十二　电子节气门控制系统的检测 …………………………………………… 121
　　学习任务十三　温度传感器的检测 ……………………………………………………… 130

项目五　电控发动机点火控制系统的检修　/　139

　　学习任务十四　微机控制点火系统的基本检查 ………………………………………… 139
　　学习任务十五　曲轴位置传感器和凸轮轴位置传感器的检测 ………………………… 152
　　学习任务十六　点火线圈和爆震传感器的检查与更换 ………………………………… 167

学习任务十七　大众 AJR 发动机点火系统的检测 …………………………………… 188

项目六　电控发动机排放控制系统的检修　/　198

学习任务十八　氧传感器的检测 ………………………………………………… 198

学习任务十九　曲轴箱强制通风系统和燃油蒸发控制系统的检测 …………… 210

参考文献　/　223

项目一 发动机电控系统的认识

项目描述

本项目通过对不同类型发动机控制系统的学习,了解丰田5A-FE、丰田1ZR和大众AJR发动机电控系统基本结构和基本组成,通过完成三个学习任务,掌握电控发动机的基本类型、基本结构和基本控制原理,同时掌握电控发动机维修的基本要求和规范,为后续的项目学习打下良好的基础。

学习任务一 丰田5A-FE发动机电控系统的认识

学习目标

◎ **知识目标**
(1)认识5A-FE发动机电控系统的组成元件。
(2)能叙述电控发动机的基本类型。
(3)能叙述电控发动机各系统的基本组成和结构特点。

◎ **技能目标**
(1)能够根据系统结构图识别不同的元件,能识别发动机的控制类型。
(2)能指明发动机上各系统元件的安装位置。
(3)会完成故障诊断前的准备工作。

◎ **素养目标**
(1)能够制订工作计划,独立完成工作任务。
(2)能够在工作过程中,与小组其他成员合作、交流并进行学习任务分工,具备团队合作和安全操作的意识。

建议完成本学习任务的时间为 2 课时。

 学习任务描述

客户想了解威驰轿车装备的 5A-FE 发动机,需要你向客户介绍 5A-FE 发动机的电控系统。

学习内容

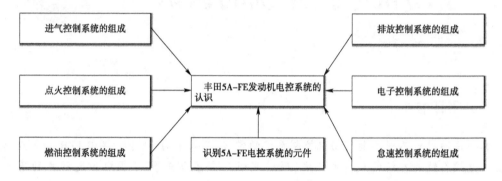

 注意事项

(1)注意人身安全,认真执行 6S 管理。

(2)发动机在无负荷的情况下,高速运转(3500r/min 以上)不能超过 3s,以免引起不可恢复性机械故障。

(3)严格遵守拆装规程,避免人为损坏零部件及电器插接件。

(4)起动发动机时,一旦着车,应立即松开点火开关,防止损坏起动机。

 资料收集

引导问题 1 ▶ 电控发动机由哪些系统组成?电控发动机有何优点?

目前,现代汽油发动机已经全部采用电控发动机系统。一般而言,电控汽油发动机是指装备了电子控制汽油喷射系统,即 EFI(Electronic Fuel Injection)系统的发动机。电控发动机使用各种传感器检测发动机和车辆的各种工况,电控单元(ECU)根据来自这些传感器的信号,计算喷油量并驱动喷油器喷射适量的燃油与空气混合形成不同浓度的可燃混合气,以满足不同工况下发动机对混合气的需求,同时满足发动机在不同工况下对经济性和环保性的要求。典型的发动机电控系统基本组成如图1-1所示。

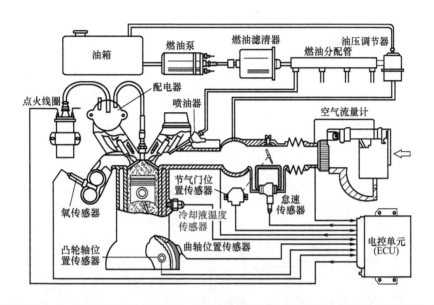

图1-1 典型发动机电控系统基本组成

在正常驾驶情况下,发动机电控系统以保证发动机的动力输出为主,同时控制燃油消耗量和废气排放水平。而在其他情况,如在发动机暖机、加速、减速等工况下,发动机ECU根据各种传感器的信号修正喷油量,实现最佳的可燃混合气。

电控发动机系统主要有以下优点:
(1)有效提高发动机的动力性。
(2)使发动机燃油经济性达到最佳。
(3)有效减少发动机的排放污染。
(4)有效改善发动机的冷起动性能。
(5)有效提高车辆行驶的可靠性。

一般来说,电控发动机系统主要由电子控制系统、燃油控制系统、进气控制系统三部分组成,其基本组成如图1-2所示。

随着科学技术的发展,为了提高车辆控制性能,丰田公司在EFI的基础上进行了升级,使用了被称为TCCS(Toyota Computer Controlled System,丰田计算机控制系统)的计算机控制系统。TCCS包括最佳燃油喷射系统(EFI)、电子控制点火提前(ESA)、怠速控制(IDL)、排放控制、自诊断系统、失效保护系统、应急备用系统、进气控制系统、增压控制系统、巡航控制系统、警告系统等,其组成如图1-3所示。而日产NISSAN公司把电子控制系统称为ECCS(Electronic Centered Controlled System)。

丰田威驰轿车装备的5A-FE电控发动机系统采用了包括EFI、ESA、IDL等功能在内的TCCS,其基本组成如图1-4所示,其在车上的安装位置如图1-5所示。

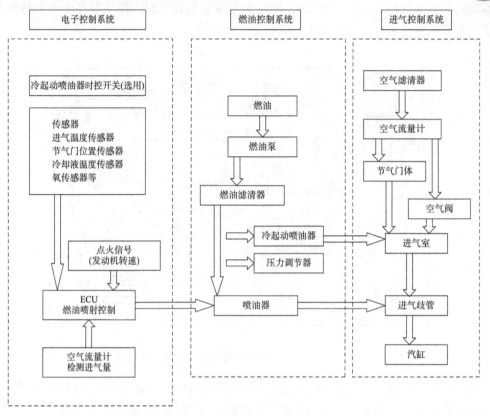

图1-2 电控发动机系统的组成

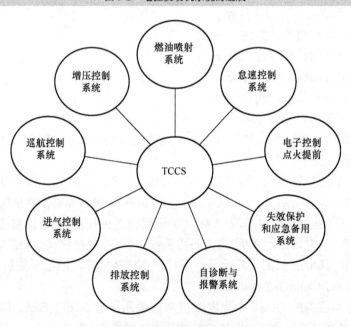

图1-3 TCCS系统组成

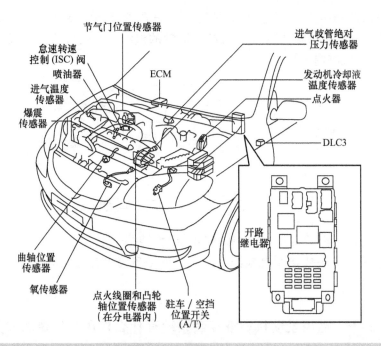

图1-4　5A-FE电控发动机基本组成

图1-5　5A-FE电控发动机在车上的安装位置

引导问题2　电控发动机进气控制系统由哪些元件组成？它有什么作用？

电控系统的进气控制系统的组成如图1-6所示，主要由空气滤清器、空气流量计或进气歧管绝对压力传感器、进气温度传感器、节气门体、进气管等组成。空气经空气滤清器过滤后，由空气流量计测量空气流量并转换为电信号，而有些车型则采用歧管绝对压力传感器来测量进气量,经过测量的空气通过节气门体进入进气总管,再分配到各进气歧管。在进气歧管内,由 ECU 控制的喷油器,根据空气量喷出适量的汽油与空气混合后形成最佳的空燃比可燃混合气,进入汽缸内燃烧。

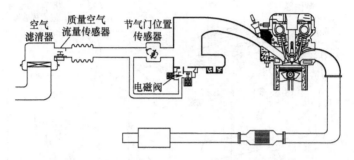

图 1-6　进气控制系统的组成

进气控制系统的主要作用是检测进入汽缸的空气量并把信号传给 ECU 从而控制喷油量。

引导问题 3　电控发动机燃油控制系统有什么作用？它由哪些元件组成？

燃油控制系统的主要作用是向系统提供压力稳定和流量合适的燃油,并在适当的时间喷入汽缸。其主要组成包括油箱、电动油泵、燃油滤清器、压力调节器、喷油器、冷起动喷油器(选装)等元件。发动机燃油控制系统的组成如图 1-7 所示。

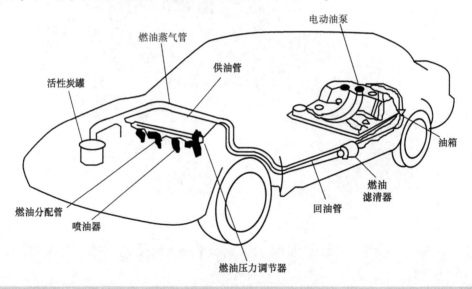

图 1-7　发动机燃油控制系统的组成

燃油被电动油泵从油箱中泵出后送往燃油滤清器,清洁的燃油一部分经供油管和燃油分配管送往喷油器和冷起动喷油器(有些车型没有),多余的燃油则经过压力调节器和回油管流回油箱。喷油器喷油时,油路中油压会有微小变化,因此部分车型装有脉动阻尼器进行调整,以减少油压变化。

引导问题 4 电控发动机电子控制系统有什么作用？它由哪些元件组成？

电子控制系统的主要作用是接收、检测发动机各种传感器信号，经过分析处理后向各执行器发出控制信号，使发动机正常工作。其主要组成包括各传感器和信号输入装置、电子控制单元（ECU）、执行器等三部分，其组成如图 1-8 所示。

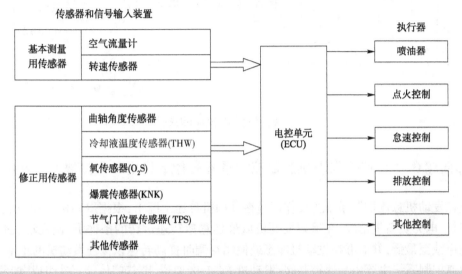

图 1-8　电子控制系统的组成

传感器是一种信号检测与转换装置，安装在发动机的各个部位，其功能是检测发动机不同工况下的各种电量参数、物理量和化学量等，并将这些参量转换成计算机能够识别的电量信号输入电控单元。

电控单元又称为电子控制器，俗称电脑，简称 ECU，是发动机电子控制系统的核心部件。其功能是根据各种传感器信号和开关输入的信号参数，对喷油量、喷油时刻和点火时刻等进行实时控制。

执行器是控制系统的执行机构，其功能是接收 ECU 的控制指令，完成具体的控制动作，保证车辆处于最佳的运行状态。

引导问题 5 电控发动机点火控制系统有什么作用？它由哪些元件组成？

电控发动机点火控制系统的主要作用是在不同工况下，根据各汽缸的做功顺序，对点火时间进行控制，保证发动机正常工作。在工作过程中，ECU 根据各相关传感器信号，判断发动机的运行工况和运行条件，选择最佳的点火提前角点燃混合气，从而改善发动机的燃烧过程，以达到提高发动机动力性、经济性和降低排放污染的目的。

5A-FE 电控发动机点火控制系统主要由电源、传感器、ECU、点火器、点火线圈、分电器和火花塞等元件组成，如图 1-9 所示。

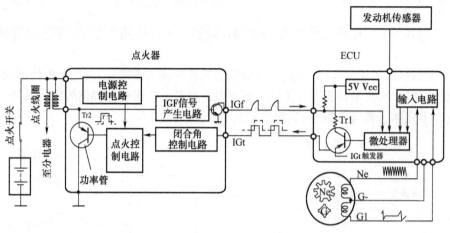

图1-9 点火控制系统的组成

引导问题6 电控发动机怠速控制系统有什么作用？它由哪些元件组成？

电控发动机怠速控制系统主要作用是在发动机怠速工况下，根据发动机冷却液温度、空调压缩机、电力负荷等情况，在保证发动机以最佳怠速转速运转的条件下，使发动机燃油消耗和噪声减至最低，并能够在发动机冷态或使用空调时提高转速以保证发动机的正常工作。

怠速控制系统主要由怠速控制阀、发动机ECU、旁通道、节气门体等元件组成，如图1-10所示。

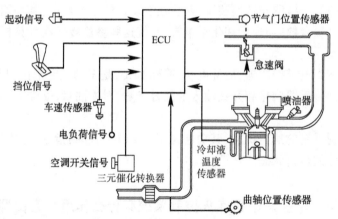

图1-10 怠速控制系统的组成

小 提 示

所谓发动机怠速是指发动机在不对外输出功率情况下，维持发动机正常运转的最低稳定转速。其包括热车怠速、冷车怠速、空调怠速等。

引导问题 7 电控发动机排放控制系统有什么作用？它由哪些元件组成？

电控发动机排放控制系统的主要作用是在保证发动机正常输出功率条件下，监控和调节发动机排放污染物，减少发动机排放污染，降低油耗，提高发动机工作效率。排放控制的内容主要包括：废气再循环（EGR）控制、活性炭罐电磁阀控制、氧传感器和空燃比闭环控制、二次空气喷射控制等。

电控发动机排放控制系统主要由废气再循环阀、前氧传感器、后氧传感器、三元催化转换器、炭罐和炭罐电磁阀等元件组成。5A-FE 发动机氧传感器和三元催化转换器如图 1-11 所示。

引导问题 8 电控发动机自诊断与报警系统有什么作用？它由哪些元件组成？

电控发动机 ECU 在发动机工作过程中不断监控各传感器的信号，一旦检测到异常信号，ECU 便记录故障信号，并以故障码（DTC）的形式记录该故障，同时点亮仪表故障指示灯（MIL）提醒驾驶人，如图 1-12 所示。故自诊断与报警系统主要用于提示驾驶人发动机存在故障，同时，系统将故障信息以设定的数码（故障码）形式储存在存储器中，帮助维修人员确定故障类型和范围。正常情况下驾驶人打开点火开关，仪表上所有的功能指示灯都应该点亮，系统自动进行自检，如果系统正常，所有的故障指示灯在 1~2s 后随即熄灭，如果存在故障，系统则点亮故障指示灯提示驾驶人系统存在故障。

图 1-11　氧传感器和三元催化转换器

图 1-12　故障指示灯

自诊断与报警系统主要由诊断单元、诊断接口、故障指示灯、各功能警告灯等元件组成。

二、实施作业

引导问题 9 作业前应该准备哪些工具和设备？

请按以下内容进行作业前的准备工作：

(1)座椅套、转向盘套、地板垫、车辆翼子板布、前格栅布、干净抹布。
(2)威驰轿车、5A-FE发动机台架。
(3)5A-FE发动机维修手册(发动机控制部分)。
(4)工作记录表、评分表。

引导问题10 如何进行作业前的检查工作?

请按以下内容进行作业前的检查工作:
(1)现场安全确认:车辆、举升机、工位安全确认。
(2)车辆防护:翼子板布、前格栅布、三件套、车轮挡块。
(3)安全检查:机油、冷却液、ATF、蓄电池电压等。

引导问题11 如何正确填写作业记录表?

请按以下步骤填写作业记录表(表1-1)。

作 业 记 录 表　　　　　　　　表1-1

项目与步骤	作业内容	备注
一、前期准备	安全准备; 环境及车辆保护准备; 工具设备准备	记录工作要点: _____ _____
二、记录车辆信息	整车型号:_____;发动机型号:_____; 车辆识别代码:_____; 行驶里程:_____;油表油量:_____	记录工作要点: _____ _____
三、安全检查	机油液面:　　正常□　偏低□　偏高□ 冷却液液面:　正常□　偏低□　偏高□ ATF液面:　　正常□　偏低□　偏高□ 检查车辆仪表(不起动发动机): 故障灯是否点亮:　是□　否□	记录工作要点: _____ _____

引导问题12 5A-FE发动机空气控制系统的组成零件有哪些?分别安装在哪里?请完成下列问题。

(1)5A-FE发动机采用_____测量发动机吸入的进气量。它安装在_____上,其真空管与_____连接。
(2)5A-FE发动机采用_____测量进气温度,它安装在_____上。
(3)5A-FE发动机节气门总成包括控制进气量的_____和检测节气门开度大小的_____。

项目一　发动机电控系统的认识

引导问题 13　5A-FE 发动机燃油控制系统的组成零件有哪些？分别安装在哪里？请完成下列问题。

燃油泵位于_____内,喷油器安装在_____。在_____行程时,_____气门打开,可燃混合气进入汽缸。多余的燃油经_____流回到油箱。

引导问题 14　5A-FE 发动机电子控制系统的组成零件有哪些？分别安装在哪里？请完成下列问题。

(1)电子控制系统由_____、_____、_____三部分组成。
(2)5A-FE 发动机的发动机 ECU 位于_____内。
(3)冷却液温度传感器安装在_____上。

引导问题 15　5A-FE 发动机怠速控制系统的组成零件有哪些？分别安装在哪里？请完成下列问题。

怠速控制阀位于_____上,在节气门体上开有_____,当节气门关闭的时候,怠速空气量由_____控制进入汽缸。

引导问题 16　5A-FE 发动机点火控制系统的组成零件有哪些？分别安装在哪里？请完成下列问题。

(1)分电器由_____驱动,点火线圈位于_____内。
(2)爆震传感器安装在_____上。
(3)凸轮轴位置传感器安装在_____内,其作用是向发动机 ECU 提供发动机转速信号和曲轴转角信号。

引导问题 17　5A-FE 发动机排放控制系统的组成零件有哪些？分别安装在哪里？请完成下列问题。

(1)三元催化转换器位于排气歧管的_____方,在三元催化转换器的前后各安装有_____。
(2)废气再循环阀位于_____上,其真空管与_____相连接。
(3)炭罐位于_____,炭罐电磁阀安装在_____。

三 评价与反馈

请完成评价反馈表(表1-2)。

评 价 反 馈 表   表1-2

请根据你自己在工作中和课堂上的表现，对自己进行客观的评价，看看你能获得几颗星？

评价项目	5颗星	3颗星	1颗星	评价结果
知识掌握情况	掌握相关理论知识，并能运用到实际操作中，学习任务完成良好	基本能够理解相关理论知识，能够完成相应工作	对相关理论知识不明白，不能或者难以完成相应的工作	
动手实践情况	积极参加，做好安全保护工作，注重工作质量	会动手实践，安全保护措施到位，工作质量较好	出现安全隐患，不知道如何动手实践	
小组合作情况	与小组成员配合工作很愉快	与小组其他同学配合工作交流较少	没有与其他同学进行交流	
6S执行情况	值日认真，服从指挥，工位、工装整洁，职业形象好	值日较认真，出现迟到或其他违纪情况	出现忘记值日，工位或工装不整洁的情况	
哪些方面需要改进				
教师点评				
学生姓名		小组长签名		
教师签名		日期		

四 学习拓展

1. 什么是EFI？EFI系统有何优点？

2. 请按编号写出图中各零件的名称。

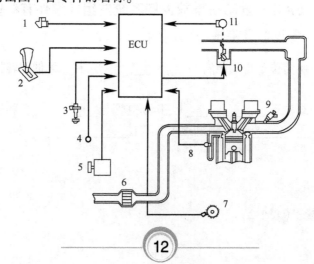

学习任务二　丰田1ZR发动机电控系统的认识

- ◎ **知识目标**
  - (1)认识1ZR发动机电控系统的组成元件。
  - (2)能够叙述电控发动机的基本工作原理。
  - (3)能叙述1ZR电控发动机各系统的基本组成和结构特点。
- ◎ **技能目标**
  - (1)能够根据系统结构图识别不同的元件,能识别发动机的控制类型。
  - (2)能在发动机上指出各系统元件的安装位置。
  - (3)会正确进行故障前的准备工作。
- ◎ **素养目标**
  - (1)能够制订工作计划,独立完成工作学习任务。
  - (2)能够在工作过程中,与小组其他成员合作、交流并进行学习任务分工,具备团队合作和安全操作的意识。

 建议完成本学习任务的时间为2课时。

 学习任务描述

客户想了解卡罗拉轿车装备的1ZR发动机,需要你向客户介绍1ZR发动机的电控系统。

 学习内容

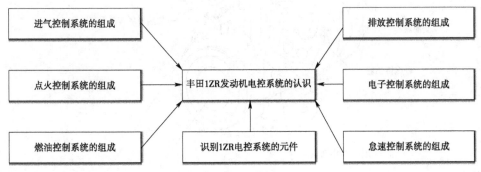

注意事项

(1)注意人身安全,认真执行6S管理。

(2)发动机在无负荷的情况下,高速运转(3500r/min以上)不能超过3s,以免引起不可恢复性机械故障。

(3) 严格遵守拆装规程，避免人为损坏零部件及电器插接件。

(4) 起动发动机时，一旦着车，应立即松开点火开关，防止损坏起动机。

资料收集

引导问题1 1ZR 电控发动机进气控制系统与 5A-FE 发动机进气控制系统有何不同？

1ZR 电控发动机采用丰田新一代的电控系统，无论是结构上还是控制方法上与 5A-FE 发动机都有很大的不同。1ZR 电控发动机组成如图 2-1 所示。

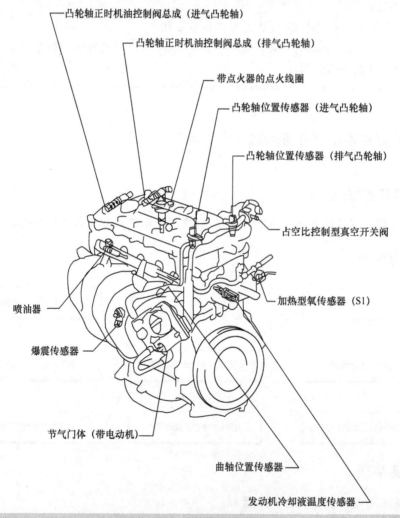

图 2-1　1ZR 电控发动机组成

从图中可以看出，1ZR 电控发动机进气控制系统没有外装的进气温度传感器，采用热线式空气流量计来检测进气量，而 5A-FE 发动机电控系统采用进气歧管绝对压力传感器检测进气量。此外 1ZR 电控发动机采用电控模块取代电控单元对发动机和车辆进行综合控制，其性能和精度得到显著提高。

引导问题2　电控发动机按空气量的检测方式来分，可以分为哪几种类型？1ZR 电控发动机属于哪种类型？

根据检测进气量的方法不同，电控系统分为 L 型和 D 型控制系统，如图 2-2 所示。

L 型控制系统如图 2-2a) 所示，是通过直接检测空气密度的方法获得空气流量信号，也称为直接检测方法。一般采用空气流量计（MAF）来检测空气流量信号。根据空气流量计的检测方法不同，空气流量计分为体积型和质量型。常见的体积空气流量计有叶片式和卡门涡流式，而膜片式和热线式空气流量计则属于质量空气流量计。1ZR 发动机进气控制系统使用热线式空气流量计来检测空气量，即采用质量型空气流量计来检测进气量，故属于 LH 型电控系统。

D 型控制系统如图 2-2b) 所示，是通过间接测量空气密度的方法来获得空气流量信号的，即 ECU 必须通过空气压力和发动机转速、进气温度等信号才能获得进气量，因此也称为间接测量方法。一般通过在节气门后方安装进气歧管绝对压力传感器（MAP）来实现，如丰田 5A-FE 发动机进气控制系统。因此前面学习的 5A-FE 发动机属于 D 型电控系统。

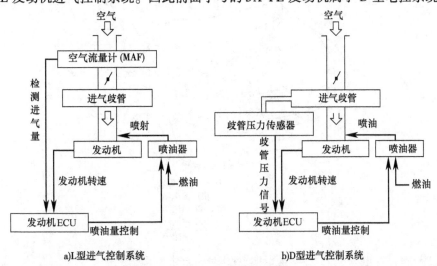

图 2-2　L 型和 D 型控制系统

引导问题3　1ZR 电控发动机燃油控制系统有何特点？它由哪些元件组成？

1ZR 电控发动机燃油控制系统的结构与前面所学的 5A-FE 发动机基本相同，其主要组成包括油箱、电动油泵、燃油滤清器、压力调节器、喷油器、进油管、回油管等，其结构如图 2-3 所示。其主要特点是喷油控制采用独立喷射方式，即各缸按照做功顺序独立控制燃油喷射。

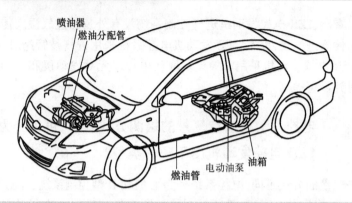

图 2-3　1ZR 电控发动机燃油控制系统

引导问题 4　1ZR 电控发动机点火控制系统有何特点？它由哪些元件组成？

与 5A-FE 发动机不同，1ZR 电控发动机点火控制系统取消了分电器，采用无分电器点火控制系统，每个汽缸有一个独立的带有点火控制器的点火线圈与火花塞连接，由发动机 ECU 直接控制点火。1ZR 电控发动机点火控制系统结构如图 2-4 所示。

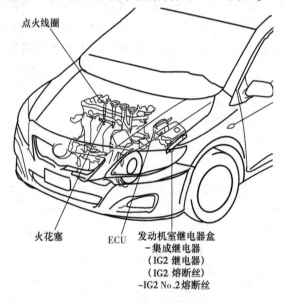

图 2-4　1ZR 电控发动机点火控制系统

二、实施作业

引导问题 5　作业前应该准备哪些工具和设备？

请按以下内容进行作业前的准备工作：

(1)座椅套、转向盘套、地板垫、车辆翼子板布、前格栅布、干净抹布。
(2)卡罗拉轿车、1ZR 发动机台架。
(3)1ZR 发动机维修手册(发动机控制部分)。
(4)工作记录表、评分表。

引导问题6　如何进行作业前的检查工作？

请按以下内容进行作业前的检查工作：
(1)现场安全确认：车辆、举升机、工位安全确认。
(2)车辆防护：翼子板布、前格栅布、三件套、车轮挡块。
(3)安全检查：机油、冷却液、ATF、蓄电池电压等。

引导问题7　如何正确填写作业记录表？

请按以下步骤填写作业记录表(表2-1)。

作业记录表　　　　　　　　　表2-1

项目与步骤	作业内容	备注
一、前期准备	安全准备； 环境及车辆保护准备； 工具设备准备	记录工作要点： _____ _____ _____
二、记录车辆信息	整车型号：_____；发动机型号：_____； 车辆识别代码：_____； 行驶里程：_____；油表油量：_____	记录工作要点： _____ _____ _____
三、安全检查	机油液面：　　正常□　偏低□　偏高□ 冷却液液面：　正常□　偏低□　偏高□ ATF 液面：　　正常□　偏低□　偏高□ 检查车辆仪表(不起动发动机)： 故障灯是否点亮：　　是□　否□	记录工作要点： _____ _____ _____

引导问题8　1ZR 发动机进气控制系统的组成零件有哪些？分别安装在哪里？请完成下列问题。

(1)在 L 型 EFI 系统中，采用装在空气滤清器后的_____直接测量发动机吸入的_____。其测量的准确度高于 D 型 EFI 系统，可以精确地控制空燃比。"L"是德文"空气"的第一个字母。

(2)D 型 EFI 系统是根据_____进行检测进气量，它安装在_____。由于进气管内的空气压力在波动，所以控制的测量精度稍微差些。"D"是德文"压力"的第一个字母。

(3)1ZR 节气门总成包括控制进气量的_____和急速运行的_____。节气门位置传感器与节气门轴相连接,用来检测_____。

引导问题 9　1ZR 发动机燃油控制系统的组成零件有哪些?分别安装在哪里?请完成下列问题。

电动油泵位于_____内,喷油器安装在_____。在_____行程时,_____气门打开,可燃混合气进入汽缸。多余的燃油经_____流回到油箱。

引导问题 10　1ZR 发动机电子控制系统的组成零件有哪些?分别安装在哪里?请完成下列问题。

(1)1ZR 发动机的发动机 ECU 位于_____内。
(2)冷却液温度传感器安装在_____上,其作用是_____。
(3)在进、排气凸轮轴上分别安装有_____控制阀。

引导问题 11　1ZR 发动机急速控制系统的组成零件有哪些?分别安装在哪里?请完成下列问题。

1ZR 发动机取消了急速控制阀,由安装在_____内的急速电动机直接控制节气门的开度来控制急速。

引导问题 12　1ZR 发动机点火控制系统的组成零件有哪些?分别安装在哪里?请完成下列问题。

(1)1ZR 发动机取消了_____,每个汽缸由一个独立的_____与火花塞相连接,由 ECU 直接控制点火。
(2)爆震传感器安装在_____上,其作用是_____。
(3)凸轮轴位置传感器分别安装在_____上,其作用是向发动机 ECU 提供发动机转速信号。
(4)曲轴位置传感器安装在_____上,向发动机 ECU 提供曲轴转角信号。

引导问题 13　1ZR 发动机排放控制系统的组成零件有哪些?分别安装在哪里?请完成下列问题。

(1)三元催化转换器位于排气歧管的_____方,在三元催化转换器的前后各安装有_____。
(2)废气再循环阀位于_____上,其真空管与_____相连接。
(3)炭罐位于_____,炭罐电磁阀安装在_____。

三 评价与反馈

请完成评价反馈表(表2-2)。

评价反馈表　　　　　　　　　　　　　表2-2

请根据你自己在工作中和课堂上的表现,对自己进行客观的评价,看看你能获得几颗星?

评价项目	5颗星	3颗星	1颗星	评价结果
知识掌握情况	掌握相关理论知识,并能运用到实际操作中,学习任务完成良好	基本能够理解相关理论知识,能够完成相应工作	对相关理论知识不明白,不能或者难以完成相应的工作	
动手实践情况	积极参加,做好安全保护工作,注重工作质量	会动手实践,安全保护措施到位,工作质量较好	出现安全隐患,不知道如何动手实践	
小组合作情况	与小组成员配合工作很愉快	与小组其他同学配合工作交流较少	没有与其他同学进行交流	
6S执行情况	值日认真,服从指挥,工位、工装整洁,职业形象好	值日较认真,出现迟到或其他违纪情况	出现忘记值日,工位或工装不整洁的情况	
哪些方面需要改进				
教师点评				
学生姓名		小组长签名		
教师签名		日期		

四 学习拓展

1. 1ZR发动机点火控制系统由哪些元件组成?

2. 请写出1ZR发动机与5A-FE发动机电控系统的主要区别。

学习任务三　大众 AJR 发动机电控系统的认识

学习目标

◎ **知识目标**
(1) 认识 AJR 发动机电控系统的组成元件。
(2) 能够叙述电控发动机的基本工作原理。
(3) 能叙述 AJR 电控发动机各系统的基本组成和结构特点。

◎ **技能目标**
(1) 能够根据系统结构图识别不同的元件,能识别发动机的控制类型。
(2) 能在发动机上指出各系统元件的安装位置。
(3) 正确进行故障检测前的准备工作。

◎ **素养目标**
(1) 能够制订工作计划,独立完成工作学习任务。
(2) 能够在工作过程中,与小组其他成员合作、交流并进行学习任务分工,具备团队合作和安全操作的意识。

 建议完成本学习任务的时间为 **2 课时**。

 学习任务描述

客户想了解桑塔纳轿车装备的 AJR 发动机,需要你向客户介绍 AJR 发动机的电控系统。

 学习内容

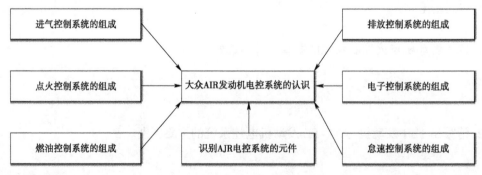

注意事项

(1) 注意人身安全,认真执行 6S 管理。

(2) 发动机在无负荷的情况下,高速运转(3500r/min 以上)不能超过 3s,以免引起不可恢复性机械故障。

(3) 严格遵守拆装规程,避免人为损坏零部件及电器插接件。

(4) 起动发动机时,一旦着车,应立即松开点火开关,以防止起动机损坏。

一 资料收集

引导问题 1 AJR 电控发动机进气控制系统有何特点?它由哪些元件组成?

AJR 电控发动机采用 Motronic3.8 控制系统,其结构如图 3-1 所示。

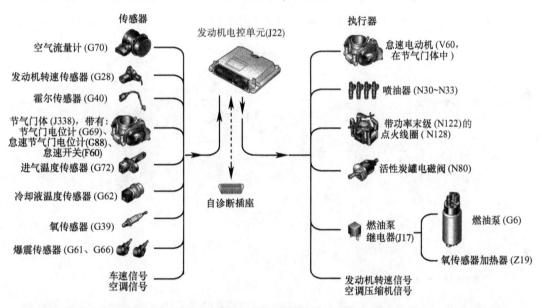

图 3-1 AJR 电控发动机控制系统组成

AJR 电控发动机采用热膜式空气流量计来检测进气量,因此也属于 LH 型电控系统。在进气系统中取消了怠速旁通道,发动机怠速采用直动式怠速电动机进行控制,其进、排气控制系统组成如图 3-2 所示。

引导问题 2 AJR 电控发动机燃油控制系统有何特点?它由哪些元件组成?

AJR 电控发动机燃油控制系统组成如图 3-3 所示。

其主要组成包括油箱、电动油泵、燃油滤清器、压力调节器、喷油器、进油管、回油管等。为了减少燃油蒸汽对大气的污染,设置了活性炭罐来收集燃油蒸气,燃油蒸气由电磁阀控制。燃油控制系统组成如图 3-4 所示。

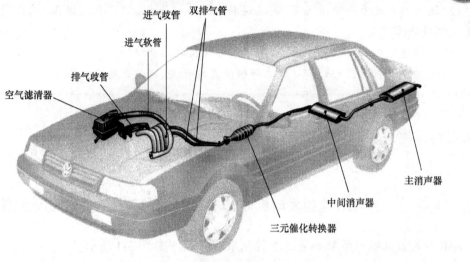

图 3-2　AJR 电控发动机进、排气系统组成

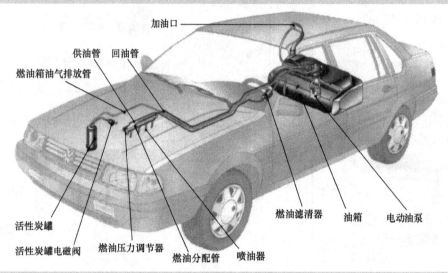

图 3-3　AJR 电控发动机燃油控制系统组成

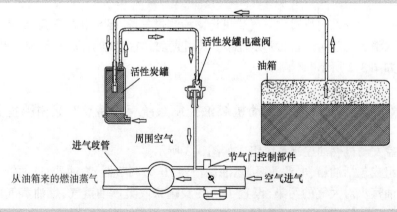

图 3-4　AJR 发动机燃油蒸发系统结构

引导问题3   AJR 电控发动机点火控制系统有何特点？它由哪些元件组成？

与 5A-FE 发动机不同，AJR 电控发动机点火控制系统取消了分电器，采用无分电器点火控制系统，由发动机 ECU 直接控制点火，其结构如图 3-5 所示。

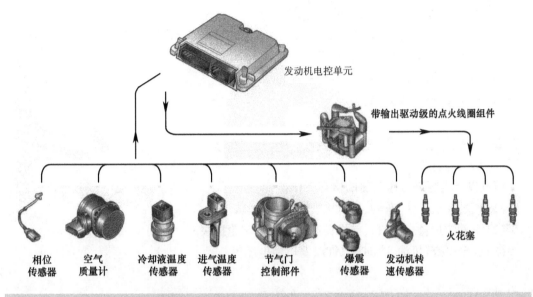

图 3-5   AJR 发动机点火控制系统（无分电器）结构

AJR 发动机点火控制系统采用的是分组点火控制形式，一个点火线圈控制 1、4 缸点火，另一个点火线圈控制 2、3 缸点火，其结构如图 3-6 所示。

图 3-6   AJR 发动机双火花点火线圈（含两个点火线圈和一个输出驱动级）

二 实施作业

引导问题 4　作业前应该准备哪些工具和设备?

请按以下内容进行作业前的准备工作：
(1) 座椅套、转向盘套、地板垫、车辆翼子板布、前格栅布、干净抹布。
(2) 桑塔纳轿车、AJR 发动机台架。
(3) AJR 发动机维修手册(发动机控制部分)。
(4) 工作记录表、评分表。

引导问题 5　如何进行作业前的检查工作?

请按以下内容进行作业前的检查工作：
(1) 现场安全确认：车辆、举升机、工位安全确认。
(2) 车辆防护：翼子板布、前格栅布、三件套、车轮挡块。
(3) 安全检查：机油、冷却液、ATF、蓄电池电压等。

引导问题 6　如何正确填写作业记录表?

请按以下步骤填写作业记录表(表3-1)。

作业记录表　　　　　　　　　　　　　　　表3-1

项目与步骤	作业内容	备注
一、前期准备	安全准备； 环境及车辆保护准备； 工具设备准备	记录工作要点： _____ _____
二、记录车辆信息	整车型号：_____；发动机型号：_____； 车辆识别代码：_____； 行驶里程：_____；油表油量：_____	记录工作要点： _____ _____
三、安全检查	机油液面：　　正常□　偏低□　偏高□ 冷却液液面：　正常□　偏低□　偏高□ ATF 液面：　　正常□　偏低□　偏高□ 检查车辆仪表(不起动发动机)： 故障灯是否点亮：　是□　　否□	记录工作要点： _____ _____

引导问题 7 AJR 发动机进气控制系统的组成零件有哪些？分别安装在哪里？请完成下列问题。

(1) AJR 发动机采用装在空气滤清器后的_____直接测量发动机吸入的_____。
(2) AJR 节气门总成包括控制进气量的_____和怠速运行的_____。节气门位置传感器与节气门轴相连接,用来检测_____。

引导问题 8 AJR 发动机燃油控制系统的组成零件有哪些？分别安装在哪里？请完成下列问题。

(1) 燃油泵位于_____内,喷油器安装在_____。在_____行程时,_____气门打开,可燃混合气进入汽缸。多余的燃油经_____流回到油箱。
(2) 燃油压力调节器的作用是:_____。

引导问题 9 AJR 发动机电子控制系统的组成零件有哪些？分别安装在哪里？请完成下列问题。

(1) AJR 发动机的发动机 ECU 位于_____内。
(2) 冷却液温度传感器安装在_____上,其作用是_____。
(3) 在凸轮轴上安装有_____,其作用是_____。

引导问题 10 AJR 发动机怠速控制系统的组成零件有哪些？分别安装在哪里？请完成下列问题。

AJR 发动机取消了怠速控制阀,由安装在_____内的怠速电动机直接控制节气门的开度来控制怠速。

引导问题 11 AJR 发动机点火控制系统的组成零件有哪些？分别安装在哪里？请完成下列问题。

(1) AJR 发动机取消了_____,两个汽缸共用一个_____与火花塞相连接,由点火器直接控制点火。
(2) 爆震传感器安装在_____上,其作用是_____。

引导问题 12 AJR 发动机排放控制系统的组成零件有哪些？分别安装在哪里？请完成下列问题。

(1) 三元催化转换器位于排气歧管的_____方,在三元催化转换器的前后各安装有_____。

(2)废气再循环阀位于_____上,其真空管与_____相连接。

(3)炭罐位于_____,炭罐电磁阀安装在_____。

三 评价与反馈

请完成评价反馈表(表3-2)。

评 价 反 馈 表　　　　　　　　　　　　　表3-2

 请根据你自己在工作中和课堂上的表现,对自己进行客观的评价,看看你能获得几颗星?

评价项目	5 颗星	3 颗星	1 颗星	评价结果
知识掌握情况	掌握相关理论知识,并能运用到实际操作中,学习任务完成良好	基本能够理解相关理论知识,能够完成相应工作	对相关理论知识不明白,不能或者难以完成相应的工作	
动手实践情况	积极参加,做好安全保护工作,注重工作质量	会动手实践,安全保护措施到位,工作质量较好	出现安全隐患,不知道如何动手实践	
小组合作情况	与小组成员配合工作很愉快	与小组其他同学配合工作交流较少	没有与其他同学进行交流	
6S 执行情况	值日认真,服从指挥,工位、工装整洁,职业形象好	值日较认真,出现迟到或其他违纪情况	出现忘记值日,工位或工装不整洁的情况	
哪些方面需要改进				
教师点评				
学生姓名		小组长签名		
教师签名		日期		

四 学习拓展

1. AJR 发动机点火控制系统由哪些元件组成?

2. 请写出 AJR 发动机与 5A-FE 发动机电控系统的主要区别。

项目二 发动机控制系统故障诊断的基本方法

项目描述

本项目通过对丰田和大众发动机自诊断系统的认识,了解电控故障诊断系统的基本工作原理,掌握电控发动机故障诊断的基本思路、基本方法和基本步骤,掌握基本维修规范。通过完成工作任务,掌握电控发动机维修诊断的基本要求和规范。要求在整个工作过程中全面实施6S管理,提高职业能力。

学习任务四 丰田轿车发动机电控系统的故障诊断

学习目标

◎ **知识目标**
(1)能够叙述丰田电控发动机故障诊断的基本工作原理。
(2)能够叙述丰田电控发动机故障诊断的基本思路。
(3)能叙述1ZR发动机故障诊断的基本方法和工艺流程。

◎ **技能目标**
(1)能够熟练使用检测工具,正确检测丰田1ZR发动机故障诊断。
(2)能够熟练使用检测工具,正确检测丰田1ZR发动机的DTC和数据流。

◎ **素养目标**
(1)能够制订详细的工作计划,并独立完成工作任务。
(2)能够在整个工作过程中,与小组其他成员合作、交流并进行任务分工。
(3)养成服从管理,规范作业的良好工作习惯。
(4)培养团队合作意识和安全工作的习惯。

建议完成本学习任务的时间为 **6 课时**。

 学习任务描述

　　一辆卡罗拉1.6L轿车,车主反映:发动机不能起动,故障指示灯常亮。需要你对车辆进行故障进行诊断,确认故障部位并进行维修。

 学习内容

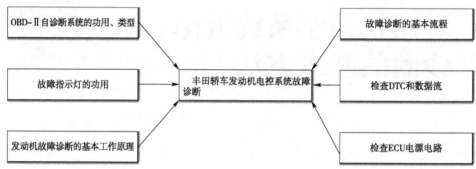

 注意事项

(1)在工作过程中要注意人身安全,认真执行6S管理。
(2)在工作过程中请根据操作步骤,规范操作,防止损坏设备和器材。
(3)严格按照工作要求正确使用仪器设备,出现问题及时报告,服从管理。

● **一 资料收集**

引导问题1 　**电控发动机 OBD-Ⅱ自诊断系统有何功用?**

　　电控发动机 ECU 在发动机工作过程中不断监控各传感器的信号。如果检测到异常信号,ECU 便记录故障信号,并以故障码(DTC)的形式记录该故障,同时点亮仪表故障指示灯(MIL)提醒驾驶人,如图 4-1 所示。系统将故障信息以故障码形式储存在存储器中,以帮助维修人员确定故障类型和范围。在正常情况下,驾驶人打开点火开关,仪表上所有的功能指示灯都应该点亮,系统自动进行自检,如

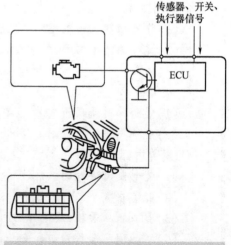

图 4-1　故障诊断系统

果系统正常,所有的故障指示灯在 1~2s 后随即熄灭,如果存在故障,系统则点亮故障指示灯,提示驾驶人进厂维修。

自诊断与报警系统主要由诊断单元(ECU)、诊断接口、故障指示灯、各功能警告灯等元件组成。发动机 ECU 拥有 OBD-Ⅱ(车载自诊断系统)的功能,该功能可连续监控每个传感器及执行器的工况。如果诊断到某个故障,则该故障将以 DTC(故障代码)的形式被记录下来。此时,组合仪表板上的(故障指示灯)点亮,通知驾驶人。诊断接口 DLC3 如图 4-2 所示。

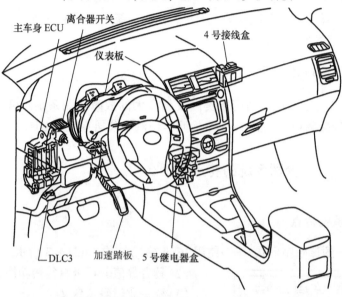

图 4-2　DLC3 的位置

引导问题2　车载诊断系统有哪几种类型?

OBD-Ⅱ是车载自诊断系统的简称。1993 年以前的诊断系统为第一代诊断系统,各制造厂家采用的诊断座、故障代码、诊断功能均不相同,这给修护人员带来了很多的困难。

美国汽车工程学会(SAE)制定了一套标准规范,经由"环境保护机构"(EPA)及"加州资源协会"(CARB)认证通过此一套标准,并要求各汽车制造厂家依照 OBD-Ⅱ标准提供统一的诊断模式、插座,用一台仪器即可对各种车进行诊断检测。

OBD-Ⅱ是美国加州规定的标准,凡是销售到美国加州的车,不论欧、美、日都必须符合该标准,中国也采用这一标准。采用这一标准,可简化技术人员使用仪器的困扰。

为了确认故障代码或发动机 ECU 已记录的数据,目前主要有 MOBD、CARB OBDⅡ、EURO OBD 或 ENHANCEDOBDⅡ等故障诊断系统类型,测试仪与发动机 ECU 直接交流,每个系统都在手持测试仪上显示五位数 DTC。

1 MOBD

MOBD 是丰田独有故障的诊断系统。可用来检测丰田汽车公司专有的 DTC 及诊断数据。

2 CARB OBD Ⅱ

CARB OBD Ⅱ系统是适用于美国及加拿大的排放检测系统。可用来检测美国及加拿大法规所要求的检测项目的故障码及诊断数据。

3 EURO OBD

EURO OBD 系统是适用于欧洲国家的排放检测系统。可用来检测欧洲法规所要求的检测项目的故障码及诊断数据。

4 ENHANCED OBD Ⅱ

ENHANCED OBD Ⅱ系统是适用于美国及加拿大的故障诊断系统。可用来检测美国及加拿大法规要求的检测项目,也可以用来检测丰田汽车公司专有的 DTC 及诊断数据。

> **引导问题 3** 自诊断系统的特点是什么?

1 自诊断系统特点

(1)采用统一的诊断座形状,统一使用 16pin(针)结构,如图 4-3 所示。

(2)具有数值分析资料传输功能。
(3)统一故障码及意义。
(4)具有行车记录仪功能。
(5)具有重新显示记忆故障码功能。
(6)具有可由仪器直接清除故障码功能。

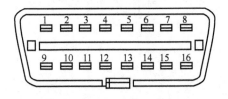

图 4-3 自诊断插座

DLC 诊断座统一为 16pin,装在驾驶室内驾驶侧仪表板下方,主要有两种标准:一种是 ISO——欧洲统一标准(INTERNATIONAL STANDARDS ORGANIZATION 9141-2),利用 7#,15#脚传输诊断信息;另一种是 SAE——美国统一标准(SAE-J1850),利用 2#,10#脚传输资料。

2 丰田汽车自诊断插座各端子名称、功用

丰田汽车自诊断插座的各端子名称和功用见表 4-1。

表 4-1 自诊断插座端子的含义和功用

端子号	符号	名 称	参考端子	结 果	条 件
1	空脚	生产厂家自行设定			
2	空脚	美国款车诊断用 BUS 线,SAE J1850			
3	空脚	生产厂家自行设定			
4	CG	ECU 搭铁(底盘搭铁)	车身搭铁	1Ω 或更小	始终
5	SG	传感器(信号搭铁)	车身搭铁	1Ω 或更小	始终

续上表

端子号	符号	名 称	参考端子	结 果	条 件
6	CAN-H	CAN"高"线路	CAN-L	54~69Ω	IG OFF
	CAN-H	CAN"高"线路	蓄电池正极	1MΩ 或更大	IG OFF
	CAN-H	CAN"高"线路	CG	1kΩ 或更大	IG OFF
7	SIL	欧款车诊断用 K 线,ISO09141	5号信号搭铁	产生脉冲	通信过程中（所有 ECU 数据）
8		生产厂家自行设定			
9	TAC	ECU 系统中的数据信号			
10	空脚	美国款车诊断用,SAE J1850			
11	OPA/AB	防盗数据库或 SRS 数据			
12	TS	ABS、VSC 系统数据			
13	TC	系统自诊断			
14	CAN-L	CAN"低"线路	蓄电池正极	1MΩ 或更大	IG OFF
	CAN-L	CAN"低"线路	CG	1kΩ 或更大	IG OFF
15	L	欧款车诊断用,ISO09141			
16	BAT	蓄电池正极	车身搭铁	9~14V	始终

引导问题 4　发动机故障诊断系统的基本工作原理是什么？

电控发动机 ECU 用接收的各种传感器信号,检测出发动机处于何种工况或车辆的行驶状况。因此,发动机 ECU 能够连续监测输入的信号电压,并与储存在 ECU 存储器中,能够反映实际发动机工况的参数进行比较,判断发动机是否出现异常情况。

如图 4-4 所示冷却液温度传感器的信号特征。在正常工作情况下,冷却液温度的大致范围是 -50~150℃,冷却液温度传感器的输出电压变化范围是 0.1~4.8V。如果发动机 ECU 接收到的 THW 信号电压处于正常范围,则 ECU 判断发动机处于该信号电压相对应的工作温度下。当 ECU 接收的 THW 信号电压不在正常范围内,即 THW 信号电压低于 0.1V 或高于 4.8V 时,ECU 确定发动机处于 -50℃ 以下或 150℃ 以上的温度下工作,将认定发动机处于异常工作状态。此时,ECU 将存储故障码 P0115,并且故障指示灯点亮。

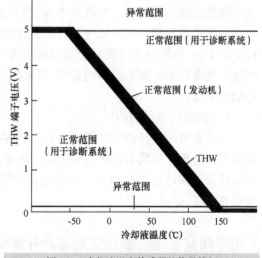

图 4-4　冷却液温度传感器的信号特征

引导问题5 　故障指示灯的功能是什么？

1 灯泡自检功能（发动机停机状态）

打开车辆的点火开关时，故障指示灯会点亮。当发动机转速达到或超过400r/min后，故障指示灯会熄灭。通过这样可以检查指示灯灯泡的功能是否正常。

2 故障警告功能（发动机运转状态）

发动机运转期间，其发动机ECU处于监测状态，如果发动机ECU检测到电路中存在故障，它将有点亮故障指示灯并提醒驾驶人的功能。如果故障恢复正常，故障指示灯会在5s后熄灭。对于配有CARB OBD II及EURO OBD而言，如果故障恢复正常，须连续三次行驶工况周期后并检测不到故障时，故障指示灯才会熄灭。

有的故障码包含着多个项目，即使被检测到并被储存在发动机ECU里，但其故障指示灯并不会因此点亮。

3 故障码显示功能

（1）故障指示灯的亮灯，在一次检测行驶工况周期中。

如果在一次行驶工况周期中，检测到故障，则发动机ECU会点亮故障指示灯。当故障指示灯点亮时，其故障码及定格数据同时储存在发动机ECU。

（2）故障指示灯的亮灯，在两次检测行驶工况周期中。

如果连续两次行驶工况周期中，检测到相同的故障，发动机ECU在两次行驶工况周期中点亮故障指示灯。当故障指示灯点亮，故障码及定格数据同时储存进发动机ECU。在这种情况下，一次行驶工况周期检测到的故障作为未决的代码储存进发动机ECU。如果两次行驶工况周期中检测不到相同故障，则未决的代码将被清除。当故障发生在排放系统时，该功能被激活。

（3）故障指示灯的闪烁。

如果在第一次行驶工况周期中检测到某个可能损坏催化转换器的失火故障，故障指示灯即开始闪烁。如果第二次行驶工况周期还是检测到失火故障，故障指示灯闪烁，故障码及定格数据储存进发动机ECU。如果失火故障症状减轻，故障指示灯将从闪烁状态转变到连续点亮状态。

引导问题6 　如何帮助客户分析故障？

诊断性提问是技术人员向客户询问症状发生的情况以再现症状，并通过症状分析故障原因，找出故障部位并予以解决。

当技术人员询问客户时要注意要使用客户熟悉的话语，不能使用专业术语，要用实际的事例询问客户，如表4-2所示。同时，技术人员要通过询问完全理解并能够再现故障症状或症状出现的条件。

客户询问事例表　　　　　　　　　　　表4-2

诊断提问	具 体 问 题
什么地方	是在高速公路上出现这种现象的吗
什么时候	是在什么时候你发现发动机发抖
做什么操作	如果你踩下加速踏板，你能听到排气管有声音吗
发生的频率	这种汽车难起动的现象每天都有吗
发生了什么	你的汽车百公里耗油量是不是比以前高

引导问题7　　故障码（DTC）是什么？

1　DTC输出形式

OBD-Ⅱ系统的故障码（DTC）由一位字母和四位数字构成。维修技术人员可用检测仪连接到自诊断插座，直接与发动机ECU交换数据，并将该代码显示在测试仪的显示屏上，各部分的含义如图4-5所示。第一个为英文字母，代表被测试的系统，例如：B（BODY）代表车身电脑，C（CHASSIS）代表底盘电脑，P（POWER TRAIN）代表发动机、变速器电脑，U代表车身网络；第一位数字代表汽车制造厂码，0代表SAE定义的故障码，其他1~9代表各汽车制造厂自行定义的故障码；第二位数字代表由SAE定义的故障范围；第三、四位数字代表汽车制造厂原厂故障码。

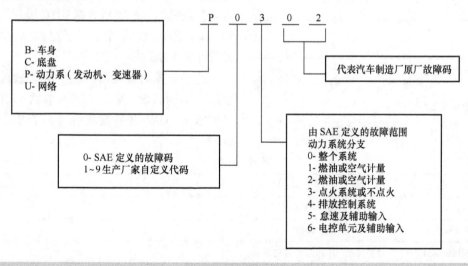

图4-5　故障码的含义

2 DTC 的类型

DTC 故障码通常可分为当前故障码和历史故障码,当前故障码表示测试时发现的故障并且在故障原因排除之前会一直存在。

当前故障是连续性故障,它们应在修理其他故障之前先排除掉。当前故障通常很容易排除,因为引起这些故障的条件在测试时存在,可以直接找到有问题的回路并进行测试,查出问题所在。大多数原厂维修手册的诊断流程图都有排除当前故障的步骤。

历史故障码表示时有时无的间歇性故障。当它们发生时,电脑会记录下历史故障码,并保存某些点火循环的故障记录,历史故障码表示过去某时曾发生但在现在测试时又不存在的故障。这些故障可能仅在一定速度、温度或在维修厂中不具备的其他条件下产生。由于产生故障的条件现在并不具备,所以诊断流程图中通常都不会有查找这样的故障的步骤。你要依据间歇性故障专门的测试程序来准备检测这些历史故障。

引导问题 8 定格数据是什么?

定格数据是 ECU 存储 DTC 时,ECU 将车辆和驾驶条件信息记录为定格数据。进行故障排除时,可借助定格数据判断故障发生时车辆是运行还是停止、空燃比大小及其他记录数据。

ECU 即使检测到了 DTC,如果故障不能再现,则确认定格数据。

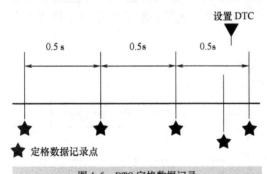

图 4-6 DTC 定格数据记录

如图 4-6 所示,ECU 以定格数据的形式每 0.5s 记录一次发动机状况。使用智能检测仪可检查五组独立的定格数据,DTC 设置前设置 3 组数据,DTC 设置时设置 1 组数据,DTC 设置后设置 1 组数据。

这些设置的数据可以用于模拟故障出现前后的车辆状况,表 4-3 所示的数据有助于识别故障原因,以及判断故障是否属于暂时故障。

定 格 数 据 表   表4-3

检测仪显示	测量项目/范围诊断	备 注
Injector	1号汽缸的喷油时间	
IGN Advance	点火提前	
Calculate Load	计算负载(由 ECU 计算的负载)	
Vehicle Load	车辆负载最大进气流量时的负载百分比	

续上表

检测仪显示	测量项目/范围诊断	备注
MAF	质量空气流量	如果流量值约为 0.0 g/s： · 质量空气流量计电源电路断路或短路； · VG 电路断路或短路。 如果流量值为 271.0 g/s 或更大： · E2G 电路断路
Engine Speed	发动机转速	
Vehicle Speed	车速显示在速度表上的速度	
Coolant Temp	发动机冷却液温度	如果温度值为 −40℃（−40℉），传感器电路断路； 如果温度值为 140℃（284℉）或者更高，传感器电路短路
Intake Air	进气温度	如果温度值为 −40℃（−40℉），传感器电路断路； 如果温度值为 140℃（284℉）或者更高，传感器电路短路
Air-Fuel Ratio	与理论值之比	

引导问题 9　故障症状表有何作用？

故障症状表是帮助技术人员诊断分析故障原因。车辆故障原因的可能性按由大到小的顺序，如表 4-4 所示。同时需要技术人员按照顺序检查每个可疑部位，并进行调整、维修或更换有故障。

故障症状表　　　　　　　　　　　　　表 4-4

故障现象	与故障相关的部位
发动机不能转动（不能起动）	停机系统、起动机信号电路、起动机
无初始燃烧（不能起动）	ECU 电源电路、VC 输出电路（ECU 5V 输出）、曲轴位置传感器、燃油泵控制电路、点火系统、喷油器电路、气门正时
发动机转动正常但起动困难	燃油泵控制电路、燃油泵、发动机冷却液温度传感器、点火系统、喷油器电路、进气系统、节气门体
发生间歇性不完全燃烧（不能起动）	燃油泵控制电路、燃油泵、燃油管路、点火电路、点火系统、喷油器、曲轴位置传感器、气门正时
发动机转速过高（急速不良）	空调信号电路、节气门体、节气门体控制、发动机冷却液温度传感器、PCV 软管系统、ECU 电源电路
发动机转速过低（急速不良）	燃油泵控制电路、节气门体、节气门体控制、进气系统、PCV 软管、PCV 系统
减速时发动机失速	急速（参见"发动机转速过低"症状）
急速不稳	压缩（发动机机械部分）、EM-1 加热型氧传感器（S1）、加热型氧传感器（S2）、质量空气流量计、点火系统、空调信号电路、燃油管路（阻塞）、燃油泵、进气系统、PCV 软管、PCV 系统
抖动（急速不良）	PCV 软管、PCV 系统、质量空气流量计、加热型氧传感器（S1）
空调运作时发动机失速	空调信号电路（压缩机电路）

续上表

故障现象	与故障相关的部位
喘抖/加速不良（操纵性能差）	燃油管路、燃油泵、气门正时、质量空气流量计、节气门体、爆震传感器
刚刚起动后发动机失速	质量空气流量计、进气系统、燃油管路
喘振（操纵性能差）	燃油管路、燃油泵控制电路、燃油泵、点火系统、喷油器

二 实施作业

在开始作业前请确认已经做好作业前的准备工作。

引导问题10 读取和清除发动机电控系统故障码的流程是怎样的？

丰田卡罗拉轿车发动机故障指示灯常亮，说明发动机系统已经记录了故障码，这样需要对发动机电控系统进行检测，按照图4-7所示的故障码读取和清除工艺流程。

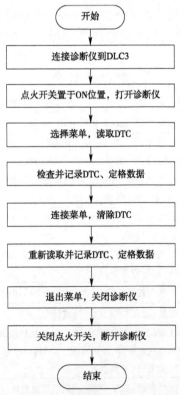

图4-7 故障码得读取和清除的工艺流程

引导问题11 如何读取和清除故障码,并记录定格数据?

一辆卡罗拉轿车不能起动,故障指示灯常亮。请按照要求将故障码、定格数据、动态数据等记录在表4-5中。

发动机电控系统故障码作业记录表　　　　　　　　　　　　　　表4-5

项　目	作业记录内容	备　注
1. 故障码检查(不起动发动机)	故障代码记录(只记录故障代码,不记代码定义内容)	
2. 正确读取数据和清除故障码(当定格数据和动态数据中不存在反应故障码特征的相关数据时,可以不用填写)	(1)定格数据记录(只记录故障发生时的数据帧内容)。 ①基本数据。 Injector　(Port)　　　　　ms IGN　Advance　　　　　dag Engine　Speed　　　　　r/min Vehicle　Speed　　　　　km/h Coolant　Temp　　　　　℃ ②定格数据中除基本数据外的反应故障码特征的相关数据。 (2)与故障码特征相关的动态数据记录(不起动发动机状态)。 (3)清除故障码	
3. 安装状态检查	目视检查、处理并记录	
4. 故障码再次检查(当定格数据和动态数据中不存在反应故障码特征的相关数据时,可以不用填写)	(1)故障码再次检查记录。 (2)定格数据记录(只记录故障发生时的数据帧内容)。 ①基本数据。 Injector　(Port)　　　　　ms IGN　Advance　　　　　dag Engine　Speed　　　　　r/min Vehicle　Speed　　　　　km/h Coolant　Temp　　　　　℃ ②定格中除基本数据外的反应故障码特征的相关数据。 (3)与故障码特征相关的动态数据记录。 (4)清除故障码	

引导问题 12   如何读懂丰田轿车电路图(图4-8)?

[A]表示系统名称,如图4-8所示为发动机控制系统。

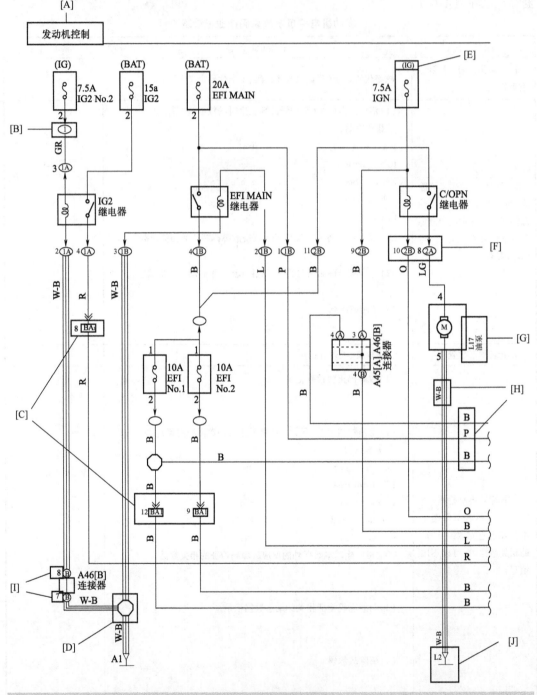

图4-8 丰田轿车电路图

[B]表示继电器盒。如图4-8所示，①表示1号继电器盒。

[C]表示用以连接两根线束的(阴或阳)连接器代码。如图4-8所示，BA1表示连接器代码为BA1。符号▽表示阳端子连接器，如图4-9所示，外侧号码是端子号。

[D]表示配线接点。

[E]表示熔断丝通电时的点火开关位置。如图4-8所示，表示熔断丝通电时，点火开关处于IG位置。

[F]表示接线盒，圈内的数字式接线盒号，旁边为连接器代码。如图4-10所示，接线盒用阴影标出，表示3C接线盒的7号和15号端子，以便将其以其他零件区别。

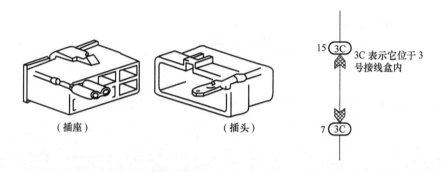

图4-9 阴、阳连接器示意图　　图4-10 接线盒代码示意图

[G]表示零件代码，如图4-8所示，L17表示油泵。

[H]表示导线的颜色。导线的颜色用字母代码表示，如表4-6所示。

导线颜色字母对照表　　表4-6

缩写	英文	中文	缩写	英文	中文
B	Black	黑色	P	Pink	粉色
BR	Brown	棕色	R	Red	红色
G	Green	绿色	SB	Sky blue	天蓝色
GR	Gray	灰色	V	Violet	紫色
L	Blue	蓝色	W	White	白色
LG	Light green	浅绿色	Y	Yellow	黄色
O	Orange	橙色			

第一个字母表示基色，第二字母表示条纹颜色。例如：L-Y的导线颜色如图4-11所示。

[I]表示连接器端子号，如图4-8所示为A46(B)连接器的8、7号端子。插头与插座的端子排列顺序的区别如图4-12所示，例如：插座是从左上到右下，而插头是从右上到左下。

[J]表示搭铁点，如图4-8所示，表示搭铁位置为L2。

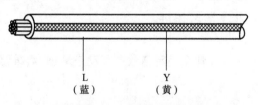

图4-11 导线颜色示意图

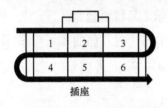 

图 4-12　插头与插座端子排列示意图

三 评价与反馈

请完成评价反馈表(表4-7)。

评 价 反 馈 表　　　　　　表 4-7

请根据你自己在工作中和课堂上的表现,对自己进行客观的评价,看看你能获得几颗星?

评价项目	5 颗星	3 颗星	1 颗星	评价结果
知识掌握情况	掌握相关理论知识,并能运用到实际操作中,学习任务完成良好	基本能够理解相关理论知识,能够完成相应工作	对相关理论知识不明白,不能或者难以完成相应的工作	
动手实践情况	积极参加,做好安全保护工作,注重工作质量	会动手实践,安全保护措施到位,工作质量较好	出现安全隐患,不知道如何动手实践	
小组合作情况	与小组成员配合工作很愉快	与小组其他同学配合工作交流较少	没有与其他同学进行交流	
6S 执行情况	值日认真,服从指挥,工位、工装整洁,职业形象好	值日较认真,出现迟到或其他违纪情况	出现忘记值日,工位或工装不整洁的情况	
哪些方面需要改进				
教师点评				
学生姓名		小组长签名		
教师签名		日期		

四 学习拓展

1. 什么是定格数据和动态数据,对维修检测工作有何意义?

2. 简要阐述丰田发动机故障诊断的基本方法和故障诊断流程。

学习任务五　大众轿车发动机电控系统的故障诊断

学习目标

◎ 知识目标
(1) 能够理解大众轿车电控发动机故障诊断流程与思路。
(2) 能够了解大众轿车电控发动机故障诊断的基本方法。
(3) 能够了解大众轿车电控发动机的基本设置和编码方法与应用。

◎ 技能目标
(1) 能够根据故障码和数据流确定故障范围。
(2) 能够使用诊断仪进行节气门基本设置操作。
(3) 能够使用诊断仪进行电脑编码操作。
(4) 能够使用诊断仪进行防盗解除操作。

◎ 素养目标
(1) 能够制订详细的工作计划,并独立完成工作任务。
(2) 能够在整个工作过程中,与小组其他成员合作、交流并进行任务分工。
(3) 养成服从管理,规范作业的良好工作习惯。
(4) 培养团队合作意识和安全工作的习惯。

建议完成本学习任务的时间为 4 课时。

学习任务描述

一辆装备有 AJR 发动机的轿车,车主反映:更换节气门体后发动机故障指示灯常亮,发动机怠速不良、加速无力,需要你对发动机电控系统进行检测,确定故障部位并排除故障。

学习内容

注意事项

(1)在工作过程中要注意人身安全,认真执行6S管理。
(2)在工作过程中请根据操作步骤,规范操作,防止损坏设备和器材。
(3)严格按照工作要求正确使用仪器设备,出现问题及时报告,服从管理。

引导问题1 ▶ 大众车型电控自诊断系统有何特点?

大众车型控制单元装备有一个故障存储器,如果被监控的传感器或部件出现故障,这些故障就存储在故障存储器中,并点亮仪表故障指示灯。

对于暂时(偶然)出现的故障,原因可能是接触不良或线路瞬时中断。如是一个偶然性故障在35次发动机起动当中不再出现,则它从故障存储器中消除。大众车型电控自诊断系统有以下特点:
(1)故障码是按照5位排列的。
(2)如果显示部件有故障,请先按电路图检查部件导线和插头的连接以及搭铁线,如果这样做后还没有发现故障,再更换部件。
(3)所存储的故障可以用故障阅读仪V.A.G1551或系统测试仪V.A.G1552读出。
(4)故障排除后必须清除故障码。

自诊断的一般说明请参阅故障阅读仪V.A.G1551及系统测试仪V.A.G1552的使用说明书。

引导问题2 ▶ 如何找到大众车型自诊断插座并正确连接诊断仪器?

大众车型的诊断插座安装位置如图5-1所示。

连接诊断仪器时不允许打开点火开关。

项目二 发动机控制系统故障诊断的基本方法

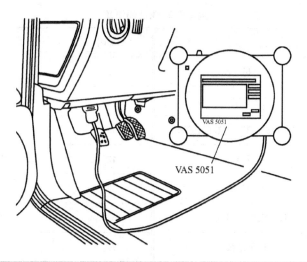

图 5-1 自诊断插座位置图(波罗和奥迪)

小提示

其他常见车型自诊断插座位置如表 5-1 所示。

大众汽车自诊断插座安装位置　　　　　　表 5-1

车　　型	自诊断插座位置
桑塔纳 2000 时代超人	手动变速杆防尘护罩下方
帕萨特 B5(装备 MT)	变速杆后,驻车制动杆旁,去掉盖板即可看见
帕萨特 B5(装备 AT)	驾驶室仪表板下方驾驶人一侧
高尔	驾驶室仪表板下方,主继电器拉门横截面橡胶防尘盖下
捷达	仪表板熔断器右后方
宝来	中控台音响下方
奥迪 A6L	仪表板左下方
高尔夫	驾驶室转向盘下方

引导问题3 如何使用 V.A.S 5051 或 V.A.G 1551 正确读取发动机电控系统故障码?

仪表板上有 EPC(电子功率控制)警告灯。在发动机运转时,如果系统发生故障,警告灯点亮,发动机控制单元将记忆故障码。大众汽车地址码清单如表 5-2 所示,大众汽车功能码主菜单如表 5-3 所示。

大众汽车地址码清单　　　　　　　　　　　　表 5-2

地址码	测试系统	地址码	测试系统
01	发动机控制	22	四轮驱动
02	变速器电器	46	车身舒适
03	制动器电器（ABS、ASR、ESP 等）	55	前照灯
08	空调/暖风电器	42	驾驶人侧车门
15	安全气囊	52	乘客侧车门
17	仪表板插件（防盗）	62	左后车门
19	网关总线	72	右后车门

引导问题 4　大众电控发动机节气门的基本设定流程是怎样的？

大众电控发动机更换节气门后需进行节气门的基本设定，并清除故障码，才能使系统恢复正常。其基本的工艺流程如图 5-2 所示。

大众汽车功能码主菜单　　　　表 5-3

功能码	功能	备注
01	查寻控制单元版本	打开点火开关
02	查询故障存储器	打开点火开关
03	执行元件诊断	打开点火开关
04	基本设定	打开点火开关，更换发动机控制单元、节气门控制单元或断开过蓄电池后的操作
05	清除故障存储器	打开点火开关
06	结束输出	打开点火开关
07	给控制单元编码 Coding	打开点火开关
08	读取测量数据块	打开点火开关
09	单个数据流	打开点火开关
10	自适应	打开点火开关
11	登录	打开点火开关

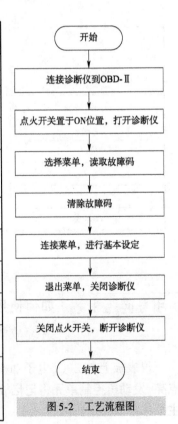

图 5-2　工艺流程图

二 实施作业

在开始作业前请确认已经做好作业前的准备工作。

 大众电控发动机节气门基本的设置是如何操作的?

大众电控发动机节气门体及怠速开关不能进行机械式调整,只能用故障检测仪器V.A.S 5051或V.A.G 1551在基本设置过程中(功能04)来完成调整。如果换装了新的节气门控制单元或换装了新的发动机控制单元,必须进行节气门控制单元的自学习过程(01-04-060)。

在基本设置的模式下,点火钥匙KEY-ON,发动机停止运转时进行以下操作。

(1)发动机运转时进行检测操作的条件。

①故障存储器中无故障。

②冷却液温度不低于80℃。

③关闭所有的用电设备(散热器风扇在检测时必须关闭)。

④空调关闭。

⑤变速杆在N或P位置。

(2)连接故障检测仪到发动机控制单元。

(3)查询并清除故障码。读取故障码并清除。关闭点火开关,再次起动发动机并进行路试,再次查询故障码并检查。

(4)进入故障检测仪主菜单。

(5)在屏幕出现"选择功能××"处,按键0和4(04是基本设置功能),输入04功能。屏幕显示如图5-3所示。

快速数据传递	Q
04-基本设置	

图5-3 选择设置

(6)按Q键进行确认。屏幕显示如图5-4所示,输入060组合,开始进行基本设定。

基本设置	Q
输入显示组号 060	

图5-4 基本设置

> **注意**
>
> 此时应该听到节气门动作的声音。如果节气门不能完全关闭(例如节气门不清洁)、蓄电池电压太低、节气门体或导线损坏或在自适应过程中发动机起动了或踏下了加速踏板(油门),节气门控制单元的基本设置将被中断。中断之后在故障存储器内将存储"基本设置没完成,基本设置出错"的故障信息。

引导问题6 大众电控发动机强制降挡功能基本设置是如何操作的?

如果更换了加速踏板位置传感器或发动机控制单元,那么对于带自动/无级变速器的车,必须进行强制降挡功能与发动机控制单元间的基本设置。进行强制降挡功能自适应时要求故障存储器内无故障代码,点火开关打开,发动机不运转。

(1)进入故障检测仪主菜单。连接 V. A. S5051 或 V. A. G1551,选择"01 发动机电控单元"。进行上述操作时应打开点火开关。屏幕显示如图5-5所示。

```
快速数据传输              帮助
选择功能××
```

图5-5　进入菜单

(2)选择设置。按0和4键选择"基本设置",按Q键确认输入。屏幕显示如图5-6所示。

```
基本设定              Q
输入显示组号×××
```

图5-6　选择设置

(3)基本设置。按0、6和3键选择显示组063,按Q键确认输入。屏幕显示如图5-7所示。

```
基本设定 63           →
  1   2   3   4
```

图5-7　基本设置

(4)运行操作。踏下加速踏板,一直踏过强制降挡作用点,并保持该状态。

> 在强制降挡作用点自适应过程中，V.A.G 1551屏幕上显示"Kick Down ADP. lauft"（强制降挡功能自适应正在进行）。完成强制降挡功能自适应后，V.A.G 1551屏幕上显示"Kick Down ADP.i.o"（强制降挡功能自适应完成）。

(5) 检查规定值。检查显示区4的规定值，见表5-4。

如果显示"ADP.i.o."（自适应完成），按→键，屏幕显示（功能选择）如图5-8所示。

显示区4的规定值　　　　　　　　　　表5-4

显示组063： 强制降挡功能自适应	显示区			
	1	2	3	4
显示屏	××%	××%		—
表示	油门踏板位置传感器1	油门踏板位置传感器2	自适应状态	
工作范围	0~100%	0~100%	betatigen ADP.lauft Kick Down　ADP.i.o ADP.ERROR	
规定值	12%~97%	4%~49%	Kick Down　ADP.i.o	

```
快速数据传输              帮助

选择功能××
```

图5-8　自适应

(6) 按0和6键结束输出。

(7) 如果显示"ADP ERROR"（自适应故障），则查询故障码，并排除相应故障。

三　评价与反馈

请完成评价反馈表（表5-5）。

评 价 反 馈 表　　　　表 5-5

请根据你自己在工作中和课堂上的表现,对自己进行客观的评价,看看你能获得几颗星?

评价项目	5 颗星	3 颗星	1 颗星	评价结果
知识掌握情况	掌握相关理论知识,并能运用到实际操作中,学习任务完成良好	基本能够理解相关理论知识,能够完成相应工作	对相关理论知识不明白,不能或者难以完成相应的工作	
动手实践情况	积极参加,做好安全保护工作,注重工作质量	会动手实践,安全保护措施到位,工作质量较好	出现安全隐患,不知道如何动手实践	
小组合作情况	与小组成员配合工作很愉快	与小组其他同学配合工作交流较少	没有与其他同学进行交流	
6S 执行情况	值日认真,服从指挥,工位、工装整洁,职业形象好	值日较认真,出现迟到或其他违纪情况	出现忘记值日,工位或工装不整洁的情况	
哪些方面需要改进				
教师点评				
学生姓名		小组长签名		
教师签名		日期		

四 学习拓展

1. 大众和丰田发动机数据之间有何不同?在检测大众车发动机数据时要注意什么问题?

2. 大众车解码器都具备其他什么功能?你能够说出这些功能在维修中如何使用吗?

项目三 电控发动机燃油控制系统的检修

 项目描述

本项目通过对电控发动机燃油控制系统的检修,学会燃油压力的基本检测方法,学会使用维修工具和设备对喷油器和燃油泵进行检修,通过完成两个工作任务,学会燃油系统故障检修的基本规范和故障诊断思路,为后续的项目学习打下良好的基础。

学习任务六　燃油泵的检查和燃油系统压力的检测

学习目标

◎ **知识目标**
(1)能够叙述电控发动机燃油控制系统的基本工作原理。
(2)能叙述电动油泵的工作原理和控制方法。
(3)能够看懂燃油控制系统的电路图。

◎ **技能目标**
(1)能够使用工具测量燃油系统压力。
(2)能正确使用工具检查燃油泵。
(3)能正确查阅维修手册。
(4)能正确使用数字万用表、燃油压力表。
(5)能熟练判断线路短路、断路,学会燃油泵继电器的检测方法。

◎ 素养目标

(1)能够制订工作计划,独立完成工作学习任务。

(2)能够在工作过程中,与小组其他成员合作、交流并进行学习任务分工,具备团队合作和安全操作的意识。

(3)养成服从管理,规范作业的良好工作习惯。

(4)培养安全工作的习惯,懂得处理燃油等危险品的方法。

 建议完成本学习任务的时间为 4 课时。

 学习任务描述

一辆装备 5A-FE 电控发动机的威驰轿车,车主反映:发动机起动困难,怠速不稳,需要你对燃油系统进行全面的检查和测试并排除故障。

 学习内容

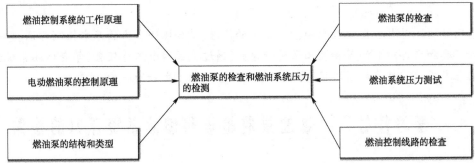

 注意事项

(1)在进行燃油系统作业前先断开蓄电池负极,在进行作业时,工作场地周围严禁烟火。

(2)在安装密封圈时,切勿使用机油、齿轮油或制动液,可用锭子油或汽油润滑。

(3)在作业过程中脱开燃油管时,要慢慢松开接头,以卸残余油压,注意安全操作。

(4)汽油需远离橡皮和皮革零件。

一、资料收集

引导问题 1 燃油控制系统有何作用?

燃油控制系统的主要作用是向系统提供稳定的燃油压力,控制燃油的喷油量和喷油时间。具体来说，就是 ECU 根据各个传感器的信号，确定喷油量和喷油时间，控制燃油泵和喷油器工作，如图 6-1 所示。

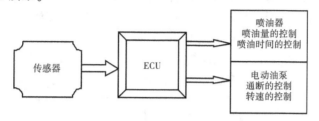

图 6-1　燃油控制系统控制原理

引导问题 2　　电动油泵有何作用？它是如何工作的？

电动油泵按其安装位置可以分为外装泵和内装泵两种。外装泵装在油箱之外的输油管路中，内装泵则安装在燃油箱内。与外装泵相比，内装泵不易产生气阻和燃油泄露，而且噪声小。目前多数电控系统采用内装泵。

电动油泵的主要作用是向燃油系统提供足够量的、具有规定压力的汽油。电动油泵主要由壳体、转子（永磁电动机）、叶轮、安全阀（限压阀）、出油阀（止回阀）等元件组成，其结构如图 6-2 所示。

永磁电动机通电后带动叶轮旋转，将燃油从进油口吸入，流经电动油泵内部，再从出油口压出，给燃油系统供油。燃油流经电动油泵内部，对永磁电动机的电枢起到冷却作用，故此种油泵又称湿式油泵。电动油泵的电动机部分包括固定在外壳上的永久磁铁和产生电磁力矩的电枢以及安装在外壳上的电刷装置。电刷与电枢上的换向器相接触，其引线连接到外壳上的接柱上，将控制电动油泵的电压引到电枢绕组上。电动油泵的外壳两端卷边铆紧，使各部件组装成一个不可拆卸的总成。

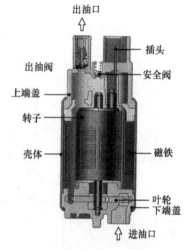

图 6-2　电动油泵的结构

电动油泵的安全阀可以避免燃油管路阻塞时压力过分升高，而造成油管破裂或油泵损坏的现象发生。止回阀的设置是为了在油泵停止工作时密封油路，使燃油系统保持一定残余压力，以便发动机下次容易起动。泵体是电动油泵的主体，根据其结构不同，可分为滚柱泵、齿轮泵、涡轮泵和侧槽泵等形式。

引导问题 3　　ECU 是如何控制电动油泵工作的？

不同车型发动机 ECU 对电动油泵的采用的控制方式也各不相同。主要有以下几种控制方式。

（1）ECU 只控制电动油泵的通断工作，而不控制电动油泵的转速。即由 ECU 直接控制电动油泵的导通，但不对油泵的转速进行控制。故油泵只在发动机运转时工作，若发动机不运转,即使点火开关闭合,油泵也不会运作,其控制电路如图 6-3 所示。

(2) ECU 不仅控制电动油泵的导通,还控制电动油泵的工作转速。这种方式因其控制精度高,性能好,应用最广泛。这种方式主要包括以下两种控制方法:

① 通过发动机 ECU、油泵继电器、电阻共同控制。

② 由发动机 ECU 和油泵 ECU 共同控制。

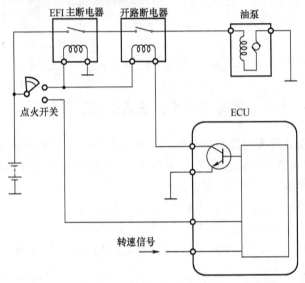

图 6-3 油泵控制电路

图 6-4 为 5A-FE 发动机油泵控制电路。其控制原理如下:当发动机运转时,电流从点火开关的 ST2 端子流至起动机继电器线圈,同时也流至 ECU 的 STA 端子(此时空挡开关闭

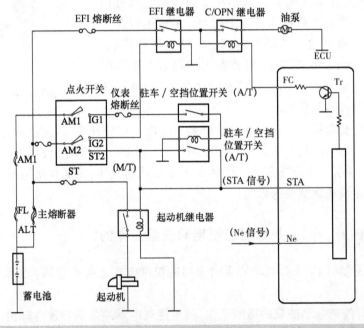

图 6-4 油泵控制电路

合)。当ECU检测到STA和Ne信号输入时,接通Tr,使开路继电器(C/OPN继电器)接通,向燃油泵供电,使油泵工作。只有在ECU持续检测到Ne信号输入时,ECU保持Tr导通,燃油泵持续工作。

引导问题4 燃油滤清器有何作用?

燃油滤清器的作用是把含在发动机燃油中的杂物除去,防止燃油系统堵塞,减小机械磨损,确保发动机稳定行驶,提高可靠性,其结构如图6-5所示。燃油滤清器安装在燃油泵的出口一侧。油管一般使用旋入式金属管。滤清器的滤芯元件一般采用滤纸叠成菊花形和盘簧形结构,可滤去大于0.01mm的杂质。

燃油滤清器是一次性的,应根据维护手册要求及时更换。

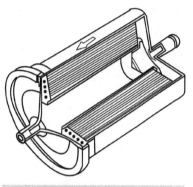

图6-5 燃油滤清器

引导问题5 燃油压力调节器有何作用?

燃油压力调节器的作用是将燃油压力控制在一个合适的范围内(300~350kPa)(不同的发动机具体的压力值也不同)。此外,燃油压力调节器也可以维持燃油系统的残余压力。目前有两种类型的燃油压力调节器,一种是使燃油压力与歧管绝对压力之差保持一个固定值,即压力差恒定型。在这种燃油调节方式中,燃油压力根据进气歧管真空度的变化不断进行调节,使燃油压力保持高于歧管压力某一固定压力,以确保每次喷射时间都能维持一个固定的喷射量。燃油压力调节器结构如图6-6a)所示。

燃油压力调节器安装在供油管的一端,其结构由膜片分为上下两腔,上腔通过真空软管与节气门后的进气歧管相连,右侧腔接供油管。当系统压力超过设定压力(300kPa)时,膜片向上拱曲,燃油通过回油阀流回油箱。压力稳定后,膜片回落,关闭回油阀,使油压保持在一个固定数值。当进气管真空度增加时,减轻了弹簧的压力,膜片向上拱曲,回油量增加,系统压力随之下降,从而使系统压力与进气管真空度保持恒定。其压力变化如图6-6b)所示。

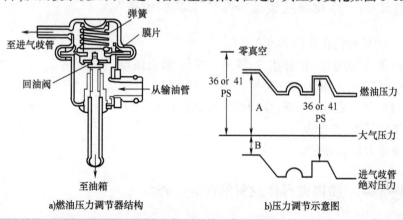

a)燃油压力调节器结构　　b)压力调节示意图

图6-6 燃油压力调节器(压力差恒定型)

这种压力调节器可以消除喷油时油压产生的波动,保证供给电磁喷油器内的汽油压力与喷射环境的压力之差(喷油压差)保持不变,稳定油压。

另一种压力调节器是将燃油压力控制在一个恒定的压力值,即压力恒定型。这种燃油调节方法是将燃油压力控制在一个恒定的压力值,当燃油压力超过压力调节器弹簧的压力时,阀门开启,使燃油回流到油箱并调节压力。这种压力调节器不需要利用发动机的真空度,而是直接调节油泵的出油压力达到稳定油路压力的目的。其安装位置有两种,分别如图6-7a)和图6-7b)所示。

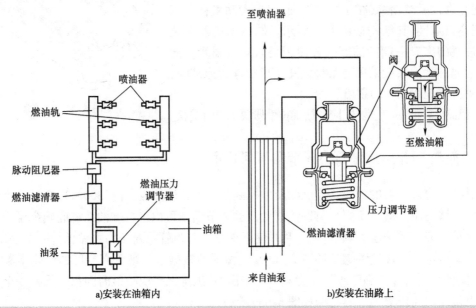

图 6-7 燃油压力调节器(压力恒定型)

二、实施作业

引导问题 6 ▶ 作业前应该准备哪些工具和设备?

请按以下内容进行作业前的准备工作:
(1)座椅套、转向盘套、地板垫、车辆翼子板布、前格栅布、干净抹布。
(2)威驰轿车、5A-FE 发动机台架。
(3)5A-FE 发动机维修手册(发动机控制部分)。
(4)工作记录表、评分表。
(5)燃油压力表、万用表。

引导问题 7 ▶ 如何进行作业前的检查工作?

请按以下内容进行作业前的检查工作:

(1)现场安全确认:车辆、举升机、工位安全确认。
(2)车辆防护:翼子板布、前格栅布、座椅套、转向盘套、地板垫、车轮挡块。
(3)安全检查:机油、冷却液、ATF、蓄电池电压等。

引导问题8　如何正确填写作业记录表?

请按以下步骤填写作业记录表(表6-1)。

作业记录表　　　　　　　　　　表6-1

项目与步骤	作业内容	备　注
一、前期准备	安全准备; 环境及车辆保护准备; 工具设备准备	记录工作要点:
二、记录车辆信息	整车型号:_____;发动机型号:_____; 车辆识别代码:_____; 行驶里程:_____;油表油量:_____	记录工作要点:
三、安全检查	机油液面:　　正常□　偏低□　偏高□ 冷却液液面:　正常□　偏低□　偏高□ ATF液面:　　正常□　偏低□　偏高□ 检查车辆仪表(不起动发动机): 故障灯是否点亮:　是□　否□	记录工作要点:

引导问题9　如何进行油泵的就车检查?

(1)用专用导线将诊断座上的油泵测试端子"FP"跨接到电源端子"+B"12V电源上,如图6-8所示。也可以拆开电动燃油泵的线束连接器,直接用蓄电池给油泵通电,如图6-9所示。

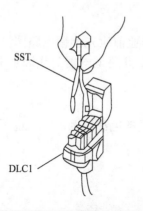
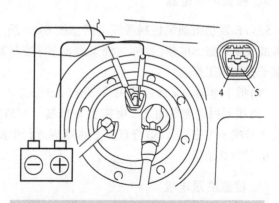

图6-8　连接诊断座端子"FP"与"+B"　　　图6-9　直接给油泵通电

此过程一定要保证安全,避免燃油和可燃物接触,并防止短路。

(2) 将点火开关转至"ON"位置,但不要起动发动机。
(3) 旋开油箱盖应能听到油泵工作的声音,或用手捏进油软管应感觉有压力。
(4) 若听不到油泵工作声音或进油管无压力,应检修或更换油泵。

此项检查必须在10s之内完成,防止油泵烧毁,并尽可能使油泵远离蓄电池。

电控燃油喷射系统的电动油泵,通常在点火开关关闭10s以上再打开时(不起动发动机),或关闭点火开关使发动机熄火时,都会提前或延长工作时间2~3s。若油泵及其电路无故障,在此情况下,在油箱处仔细听察,均能听到电动油泵工作的声音。

记录检查结果:
(1) 能否听到电动燃油泵工作的声音?　　　是□　　否□
(2) 进油管路是否感觉有压力?　　　　　　是□　　否□
(3) 检查结果分析:_____。

引导问题10　如何检查油泵总成?

1 检查油泵电源

5A-FE发动机油泵控制系统电路如图6-10所示。作业前应先读懂电路图。5A-FE发动机油泵由开路继电器(也称为油泵继电器)控制其电源,开路继电器的线圈由ECU的14号端子控制其工作。

(1) 拆下电动油泵线束接头,打开点火开关。
(2) 用万用表测量油泵线束接头4号端子与搭铁之间的电源应为12V。也可以用试灯连接4号端子与搭铁,试灯应点亮。否则应进行电路检查。

记录检查结果:_____。

2 检查油泵电阻

(1) 关闭点火开关,拆下电动油泵线束接头。

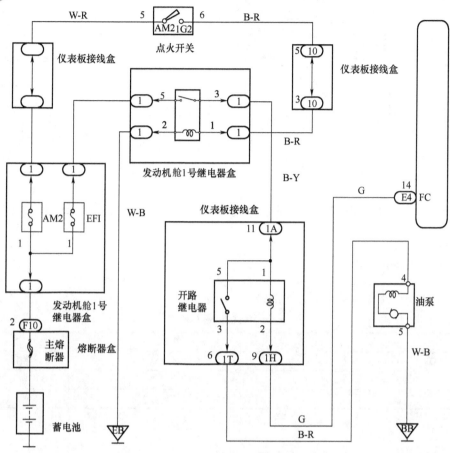

图 6-10　5A-FE 发动机燃油控制系统电路图

(2)用万用表测量 4 号端子与 5 号端子之间的电阻应为 0.2~3.0Ω,如图 6-11 所示,否则应更换油泵。

记录检测结果：

油泵电阻为：_____,供电电压为：_____。

检测结果分析：_____。

引导问题 11　如何检查开路继电器？

(1)查阅维修手册,找到相关电路图,如图 4-11 所示。
(2)关闭点火开关,拆下开路继电器(油泵继电器)。
(3)用万用表检查开路继电器,如图 4-12 所示。

记录检测结果：

(1)1-2 号端子之间的电阻为：_____,3-5 号端子之间的电阻为：_____。
(2)给 1-2 号端子施加蓄电池电压后,3-5 号端子之间是否导通？_____。
(3)检测结果分析：_____。

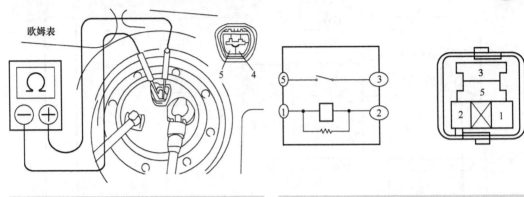

图6-11 检查油泵电阻　　　　　　　图6-12 开路继电器

> **小提示**
>
> 继电器的测量标准如表6-2所示。

继电器的测量标准　　　　　　　　　　表6-2

端子号	条件	规定条件
1-2	正常情况	导通
3-5	正常情况	不导通
3-5	给端子1-2施加蓄电池电压	导通

引导问题12 如何进行燃油压力检查？

> **注意**
>
> 在进行燃油压力检查之前必须先进行油压释放。

(1) 请按照以下步骤释放燃油系统的压力。
① 起动发动机,维持怠速运转。
② 在发动机运转时,拔下油泵继电器或电动油泵电源接线,使发动机自行熄火。
③ 再使发动机起动2~3次,即可完全释放燃油系统压力。
④ 关闭点火开关,装上油泵继电器或电动油泵电源接线。
(2) 请按以下步骤连接燃油压力表,燃油压力表如图6-13所示,请注意选择正确的管接头。
① 取下蓄电池的负极接线。
② 如图6-14所示,拆下连接油管;注意做好保护措施,防止燃油漏溅。
③ 选择合适的管接头在油管处接上燃油压力表,要保证连接可靠。
④ 重新接好蓄电池负极接线。

图6-13 燃油压力表

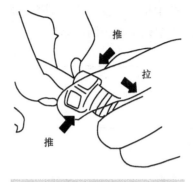

图6-14 拆卸燃油管接头

只有在做好预防措施之后方可拆卸燃油管接头,由于管路中仍有残余油压,需防止燃油飞溅。

(3)请按以下步骤开展燃油压力的检查。根据图6-15,在管路中选择正确位置连接好燃油压力表。注意:请确保管路连接可靠,防止燃油泄漏。在拧松管路之前,准备好干净的碎布或棉纱,在拧松管接头时,不要弄弯油管。

①测量燃油压力。起动发动机,记录此时燃油压力表的数据,此数据即为系统工作的油压。正常的压力为 $304 \sim 343 \text{kPa}(3.1 \sim 3.5 \text{kgf/cm}^3)$。

②调节油压检查。起动发动机,使发动机怠速运转,然后拔下油压调节器的真空管,记录燃油压力表的数据A,重新接上油压调节器的真空管,再次记录燃油压力表的数据B,计算$A-B$的结果即为调节油压,此油压主要用于判断油压调节器的工作情况。

③系统最高油压检查。发动机怠速运转后将回油管夹住,使回油管停止回油,此时压力表的测量值应比没有夹住回油管的压力要高出$2 \sim 3$倍。在这一状态下,还应该检查燃油系统的各部位是否泄漏。检查时应注意只能夹住回油软管,不可弯曲;否则,软管可能会断裂而导致泄漏。此项检查主要用于检测燃油泵最大工作能力。

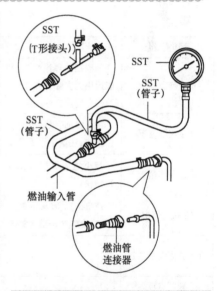

图6-15 压力表的连接

④系统供油量检查。在发动机怠速运转中读取燃油系统的供油压力,然后急加速到3000r/min以上,立刻读取此时的油压值,应高于供油压力$20 \sim 40 \text{kPa}$以上,如果低于此值则说明供油量不足。此项检查主要用于检测车辆的加速性能。

⑤系统残余压力检查。使发动机熄火,记录燃油压力表的读数,此时的燃油压力即为系统残余的燃油压力。一般要求此油压保持$147 \text{kPa}(1.5 \text{kgf/cm}^2)$左右并在5min内不允许有

明显的回落。此项检查主要用于检测燃油泵、油压调节器和喷油器是否泄漏。

请在表 6-3 中记录油压测试结果。

油 压 记 录 表　　　　表 6-3

发动机状态	供油压力	急速下拔下真空管后的油压	急速油压	调节油压	系统最高油压	加速到 3000r/min 下的油压	残余油压
油压							

检测结果分析：_____。

三 评价与反馈

请填写评价反馈表（表 6-4）。

评 价 反 馈 表　　　　表 6-4

请根据你自己在工作中和课堂上的表现，对自己进行客观的评价，看看你能获得几颗星？

评价项目	5 颗星	3 颗星	1 颗星	评价结果
知识掌握情况	掌握相关理论知识,并能运用到实际操作中,学习任务完成良好	基本能够理解相关理论知识,能够完成相应工作	对相关理论知识不明白,不能或者难以完成相应的工作	
动手实践情况	积极参加,做好安全保护工作,注重工作质量	会动手实践,安全保护措施到位,工作质量较好	出现安全隐患,不知道如何动手实践	
小组合作情况	与小组成员配合工作很愉快	与小组其他同学配合工作交流较少	没有与其他同学进行交流	
6S 执行情况	值日认真,服从指挥,工位、工装整洁,职业形象好	值日较认真,出现迟到或其他违纪情况	出现忘记值日,工位或工装不整洁的情况	
哪些方面需要改进				
教师点评				
学生姓名		小组长签名		
教师签名		日期		

四 学习拓展

1. 请写出检查油泵继电器的步骤。

2. 油泵控制有哪几种方式？各有何特点？

学习任务七　喷油器的检查与清洗

学习目标

◎ **知识目标**

(1) 能够叙述喷油量的基本控制原理。

(2) 能够叙述喷油器的控制类型和工作原理。

(3) 能够看懂燃油控制系统电路图。

◎ **技能目标**

(1) 能够使用工具清洗喷油器。

(2) 能正确使用工具检查喷油器。

(3) 能正确查阅维修手册。

(4) 能正确规范进行拆装喷油器。

(5) 熟练判断线路短路、断路,学会线路的检测方法。

◎ **素养目标**

(1) 能够制订工作计划,独立完成工作学习任务。

(2) 能够在工作过程中,与小组其他成员合作、交流并进行学习任务分工,具备团队合作和安全操作的意识。

(3) 养成服从管理,规范作业的良好工作习惯。

建议完成本学习任务的时间为 4 课时。

学习任务描述

一辆装备 5A-FE 电控发动机的威驰轿车,车主反映:发动机起动困难,怠速不稳,需要你对喷油器进行全面的检查,确定故障部位并进行修理。

学习内容

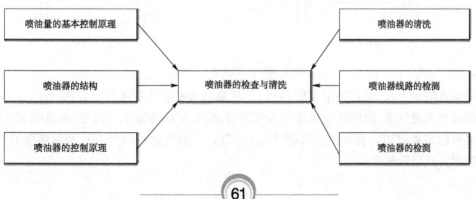

注意事项

(1) 在检查喷油器的喷射情况时,在工作场地周围严禁吸烟、火花或使用明火。
(2) 在安装密封圈时,切勿使用机油、齿轮油或制动液,可用锭子油或汽油润滑。
(3) 在作业过程中要先卸油压,脱开燃油管时,要慢慢松开接头,以卸残余油压。

一 资料收集

引导问题1 喷油器在发动机上的安装位置有哪几种?

喷油器的一般安装汽缸内或进气道内进气门前方。因此电控发动机系统根据喷油器的安装位置来分,可以分为缸内喷射、进气管喷射两大类,如图7-1所示。

(1) 缸内喷射:如图7-1a)所示,这种喷射方式是将喷油器安装在缸盖上直接向缸内喷油。因此,要求喷油器阀体能承受混合气产生的高温高压,这种喷射方式由于喷射压力高,有利于燃油雾化,有利于减少排放污染,提高发动机效率,如现在的 TDI、FSI 等系统。但其主要缺点是制造和维修成本较高。

(2) 进气管喷射:如图7-1b)所示,这种喷射方式是目前普遍采用的喷射方式。根据喷油器安装位置的不同又可分为两种。

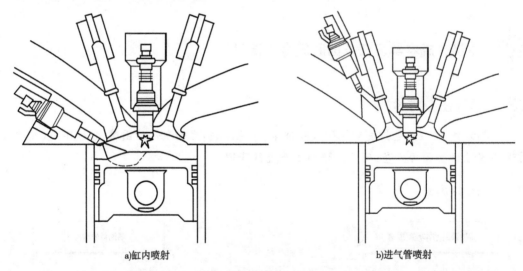

a)缸内喷射　　　　　　　　　　　　b)进气管喷射

图7-1　缸内喷射和进气管喷射

① 单点喷射方式:单点喷射系统(SPI)是把喷油器安装在节气门前方,通常用一个喷油器将燃油喷入进气道,形成混合气进入进气歧管,再分配到各缸中。因此,单点喷射又称节流阀体喷射装置(TBI),也称为中央燃油喷射(CFI)。由于这种喷射方式控制精度差,现在这种喷射方式已经很少采用。

②多点喷射方式：多点喷射系统（MPI）是在每缸进气口处安装一个喷油器，由电控单元（ECU）控制进行单独喷射或分组喷射，汽油直接喷射到各缸的进气门前方，在进气门打开时与空气一起进入汽缸形成混合气，如图7-2所示。由于多点喷射系统是直接向进气门前方喷射，因此容易在气门处形成积炭。多点喷射是目前最普遍的喷射方式。

图7-2　进气道喷射

引导问题2　喷油器有哪几种类型？有何特点？

喷油器是发动机电控油喷射系统的一个关键的执行器，它接收电脑送来的喷油脉冲信号，精确地计量燃油喷射量，因此，它是一种加工精度非常高的精密器件。要求其动态流量范围大、抗堵塞抗污染能力强以及雾化性能好，为了满足这些性能要求，先后开发研制了各种不同结构形式的电磁喷油器，主要有轴针式、球阀式等，而球阀式喷油器又有单孔式和多孔式两种，如图7-3所示。

a)轴针式喷油器　　　　b)单孔式喷油器　　　　c)多孔式喷油器

图7-3　喷油器的类型

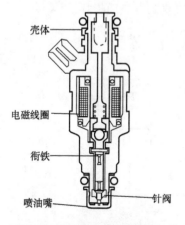

图7-4　轴针式电磁喷油器

喷油器主要由喷油器外壳、喷油嘴、针阀、套在针阀上的衔铁以及根据喷油脉冲信号产生电磁吸力的电磁线圈组成。电磁线圈无电流时，喷油器内的针阀被螺旋弹簧压在喷油器出口处的密封锥形阀座上。电磁线圈通电时，产生磁场吸动衔铁上移，衔铁带动针阀从其座配上升0.1mm，燃油从精密环形间隙中流出。为使燃油充分雾化，针阀前端磨出一段喷油轴针。喷油器吸动及下降时间约为1~1.5ms。轴针式电磁喷油器的结构如图7-4所示。

喷油器安装在专门的支座上，支座连接处为橡胶成型件，从而形成隔热作用，防止喷油器中的燃油产生气泡，有助于提高发动机的高温起动性能。另外，橡胶成型件可保护喷油器不受过高振动应力的作用。

引导问题3　喷油器有哪几种驱动方式？

喷油器的控制电路如图7-5所示，发动机工作时，ECU根据各传感器的输入信号，经运算判断后输出控制信号，控制大功率三极管导通与截止。当大功率管导通时，即接通喷油器电磁线圈电路，产生电磁吸力。当电磁力超过针阀弹簧力和油压力的合力时，衔铁被吸动，针阀随之离开阀座，即阀门打开，喷油器开始喷油。当大功率三极管截止时，则喷油器电磁线圈电路被切断，电磁力消失，当针阀弹簧力超过衰减的电磁力时，弹簧力又使针阀返回到阀座上，使阀门关闭，喷油器停止喷油。

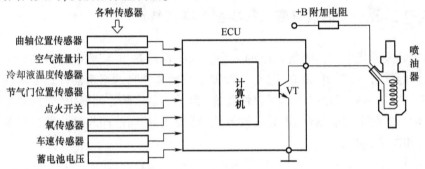

图7-5　喷油器控制电路图

喷油器的驱动方式有电流驱动与电压驱动两种方式，如图7-6所示。电流驱动只适用于低阻喷油器，电压驱动既可用于低阻喷油器，又可用于高阻喷油器。

在电流驱动形式如图7-6a)所示，回路中无附加电阻，低阻喷油器直接与蓄电池连接，通过ECU中的晶体管对流过喷油器电磁线圈的电流进行控制。由于无附加电阻，回路阻抗小，开始导通时，大电流使针阀迅速打开，喷油器有良好的响应性。

在电压驱动形式如图7-6b)、图7-6c)所示，回路中使用低阻喷油器时，必须在回路中加入附加电阻。为使喷油器响应性好，在低阻喷油器中减少了电磁线圈匝数以减小电感，在回路中加入附加电阻，可以防止匝数减少后线圈中电流加大，造成线圈发热而损坏。

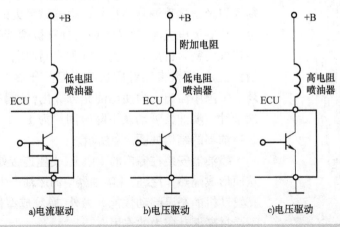

图7-6　喷油器的驱动方式

电压驱动方式较电流驱动构成回路要简单,但加入附加电阻使回路阻抗加大,导致流过线圈的电流减少,喷油器上产生的电磁力降低,针阀开启迟滞时间长。可见,电流驱动的迟滞时间(无效喷射)最短,其次为电压驱动低阻值型,电压驱动高阻值型最长。

引导问题4 喷油器有哪几种控制方式?

喷油器的控制方式有顺序喷射控制、分组喷射控制、同时喷射控制三种,如图7-7所示。

顺序喷射是各缸喷油器在发动机一个工作循环期间内根据各缸的做功顺序依次喷油,使得各缸从喷油到进气的时间间隔一样,有利于混合气均匀分配,其控制电路如图7-8所示。曲轴每转两圈,燃油按点火顺序逐一向每个汽缸喷射一次,当各缸活塞运行至排气行程上止点某一位置时,ECU输出喷油控制信号,接通喷油器电磁线圈电路,该缸开始喷油,其喷油时序如图7-9所示。

分组喷射是把4个喷油器分成2组,每组2个喷油器,同组的2个喷油器共用一个ECU中的驱动器,在发动机一个工作循环期间同时喷油,其控制电路如图7-10所示,以各组最先进入做功的缸为基准,在该汽缸排气行程上止点前某一位置,ECU输出指令信号,接通该组喷油器电磁线圈电路,该组喷油器开始喷油,其喷油时序如图7-11所示。

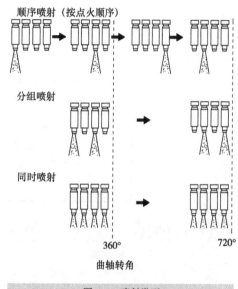

图7-7 喷射类型

同时喷射方式的控制电路如图7-12所示,4个喷油器共用一个驱动器,在发动机一个工作循环期间同时喷油2次。曲轴每转一圈,燃油被同时喷入各个汽缸,完成一个喷射过程,如图7-13所示。每次所燃烧的燃油量是两次喷射所喷出燃油量之和。

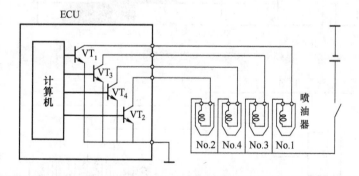

图7-8 顺序喷射控制电路

5A-FE发动机燃油喷射系统会根据冷却液温度和发动机转速等参数,在分组喷射和顺序喷射两种模式中进行选择。

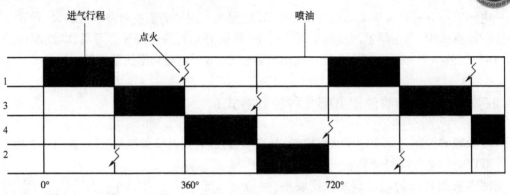

图7-9 顺序喷射控制正时

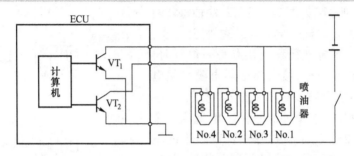

图7-10 分组喷射控制电路

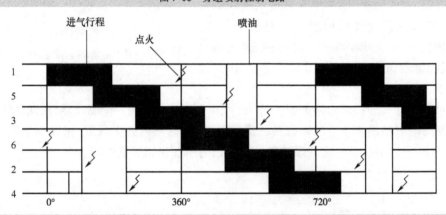

图7-11 分组喷射控制时序

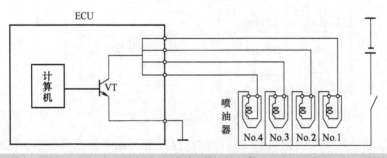

图7-12 同时喷射控制电路

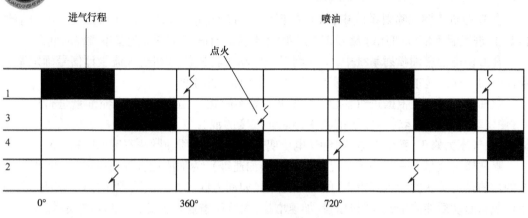

图7-13 同时喷射控制时序

引导问题5　燃油控制系统是如何控制喷油量的？

发动机在不同工况下运转,对混合气浓度的要求也不同。特别是在一些特殊工况下(如起动、急加速、急减速等),对混合气浓度有特殊的要求。电脑要根据有关传感器测得的运转工况,按不同的方式控制喷油量。喷油量的控制内容可分为起动控制、运转控制、断油控制和反馈控制等,如图7-14所示。

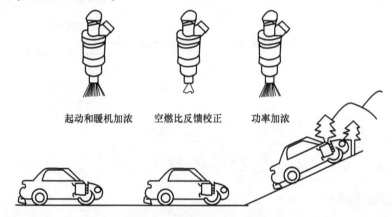

图7-14 不同工况下的喷油控制

ECU主要通过控制喷油器的通电时间来控制喷油量,燃油喷射时间取决于以下两点：
①基本燃油喷射时间取决于进气量和发动机转速。
②各种校正喷射时间取决于各传感器的信号。

发动机ECU最终反馈给喷油器的喷射时间需要加上各种基本时间的校正时间,主要有以下几种校正控制：起动加浓、预热加浓、空燃比反馈校正、加速加浓、燃油切断、功率加浓和其他矫正。

总的喷油时间(总喷油量)的计算如下：
实际喷油持续时间＝基本喷油持续时间(基本喷油量)＋喷油校正时间(修正喷油量)

在 D 型电控燃油喷射系统中,ECU 根据发动机转速信号(Ne)和进气管绝对压力信号(PIM)、进气温度信号(THA)及 ECU 内存的基本喷油时间三维图确定基本喷油时间。

在 L 型电控燃油喷射系统中,ECU 则根据发动机转速信号和空气流量计信号确定基本喷油时间。这个基本喷油时间是实现理论空燃比的喷射时间。

喷油校正时间是根据进气温度、大气压力等实际运转情况,对基本喷油量进行适当修正,使发动机在不同运转条件下都能获得最佳浓度的混合气。校正量的内容包括进气温度修正、大气压力修正、蓄电池电压修正(电压变化时,自动对喷油脉冲宽度加以修正)。

喷油修正值是在一些特殊工况下(如暖机、加速等),为加浓混合气而增加的喷油量。加浓的目的是为了使发动机获得良好的使用性能(如动力性、加速性、平顺性等)。喷油增量修正值包括起动后加浓增量、暖机增量、加速增量、大负荷增量修正等,如图 7-15 所示。

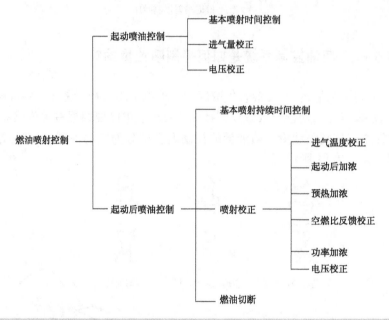

图 7-15 喷油量控制

1 起动喷油控制

起动时,由于转速很低,转速的波动也很大,因此这时空气流计测得的进气量信号的误差加大,因此在发动机起动时,ECU 不以空气流量计的信号作为喷油量的依据,而是按预先给定的起动程序来进行喷油控制。电脑根据起动开关及转速传感器的信号,判定发动机是否处于起动状态,以决定是否按起动程序控制喷油。当起动开关接通,且发动机转速低于 300r/min,电脑判定发动机处于起动状态,从而按起动程序控制喷油。

在发动机转速低于规定值或点火开关接通位于 START(起动)挡时,喷油时间的确定如图 7-16 所示,ECU 根据冷却液传感器信号(THW 信号)和冷却液温度确定基本喷油时间,根据进气温度传感器(THA 信号)对喷油时间作修正(延长或缩短)。然后再根据蓄电池电压适当延长喷油时间,以实现喷油量的进一步的修正,即电压修正。

2 起动后喷油控制

在发动机运转中,ECU 主要根据进气量和发动机转速来计算喷油量。此外,ECU 还要依据节气门开度、发动机冷却液温度、进气温度、海拔高度及怠速工况、加速工况、全负荷工况等运转参数来修正喷油量,以提高控制精度,喷油量控制如图 7-17 所示。

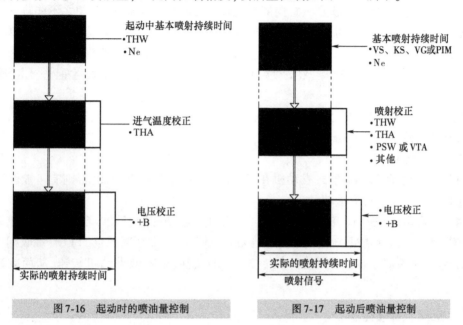

图 7-16 起动时的喷油量控制　　图 7-17 起动后喷油量控制

3 燃油切断控制

断油控制是 ECU 在一些特殊工况下,暂时中断燃油喷射,以满足发动机运转中的特殊要求。它包括以下几种断油控制方式。

(1)超速断油控制。超速断油是在发动机转速超过允许的最高转速时,由 ECU 自动中断喷油,以防止发动机超速运转,造成机件损坏,也有利于减小燃油消耗量,减少有害排放物。超速断油控制过程是由 ECU 将转速传感器测得的发动机实际转速与控制程序中设定的发动机最高极限转速(一般为 6000~7000r/min)相比较。当实际转速超过此极限转速时,ECU 就切断送给喷油器的喷油脉冲,使喷油器停止喷油,从而限制发动机转速进一步升高;当断油后发动机转速下降至低于极限转速约 100r/min,断油控制结束,恢复喷油。

(2)减速断油控制。其目的是为了控制急减速时有害物的排放,减少燃油消耗量,促使发动机转速尽快下降,有利于汽车减速。

减速断油控制过程是由 ECU 根据节气门位置、发动机转速、冷却液温度等运转参数,作出综合判断,在满足一定条件时,执行减速断油控制。这些条件是:

①节气门位置传感器中的怠速开关接通。

②发动机冷却液温度已达正常温度。

③发动机转速高于某一数值。

该转速称为减速断油转速,其数值由电脑根据发动机冷却液温度、负荷等参数确定。通常冷却液温度越低,发动机负荷越大(如使用空调时),该转速越高。当上述三个条件都满足时,ECU 就执行减速断油控制,切断喷油脉冲。上述条件只要有一个不满足(如发动机转速已下降至低于减速断油转速),ECU 就立即停止执行减速断油,恢复喷油。

(3)溢油消除。起动时汽油喷射系统向发动机提供很浓的混合气。若多次转动起动电动机后发动机仍未起动,淤积在汽缸内的浓混合气可能会浸湿火花塞,使之不能跳火。这种情况称为溢油或淹缸。此时驾驶人可将加速踏板踩到底,并转动点火开关,起动发动机。ECU 在这种情况下会自动中断燃油喷射,以排除汽缸中多余的燃油,使火花塞干燥。ECU 只有在点火开关、发动机转速及节气门位置同时满足以下条件时,才能进入溢油消除状态:

① 点火开关处于起动位置。
② 发动机转速低于 500r/min。
③ 节气门全开。

因此,电子控制汽油喷射式发动机在起动时,不必踩下加速踏板,否则有可能因进入溢油消除状态而使发动机无法起动。

(4)减扭矩断油控制。装有电子控制自动变速器的汽车在行驶中自动升挡时,控制变速器的 ECU 会向汽油喷射系统的 ECU 发出减扭矩信号。汽油喷射系统的 ECU 在收到这一减扭矩信号时,会暂时中断个别汽缸(如 2、3 缸)的喷油,以降低发动机转速,从而减轻换挡冲击。

4 空燃比反馈控制

空燃比控制的目的在于减小 CO、HC 和 NO_x 排放。要做到这一点,ECU 的目标是把空燃比控制在理论空燃比附近,以便燃料在燃烧室中完全燃烧。控制单元通过氧传感器监测排气歧管中的氧含量来检测发动机的燃烧过程。ECU 根据来自氧传感器的输入信号调整燃油喷射脉冲宽度以修正空燃比,这一控制过程称为闭环控制过程。发动机并不是一直采用闭环控制,在某些工况下,发动机也会在没有氧传感器输入时工作,即进行开环控制。

(1)闭环控制。在闭环中 ECU 根据氧传感器的反馈信号工作,以控制喷油器的脉冲持续时间。只有在发动机处于正常的工作温度(暖机)下,节气门位置开关打开和氧传感器处于良好工作时才能进行闭环控制。闭环控制如图 7-18 所示。

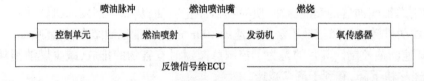

图 7-18 闭环控制

(2)开环控制。在闭环控制中,ECU 不根据氧传感器的反馈信号控制喷油量,其喷油量有 ECU 中存储的喷油图表进行喷射。在以下工况时,ECU 采用开环控制:起动工况、大负荷工况、加速工况、急速工况、冷起动工况和氧传感器系统出现故障的工况。

小结:燃油喷射主要控制内容见表 7-1。

燃油喷射控制主要内容　　　　　　　　　　　　　表 7-1

主要传感器信号	信 号 作 用	控 制 内 容
曲轴位置传感器信号	检测曲轴转角	控制喷油正时
凸轮轴位置传感器信号	识别汽缸	控制喷油正时
空气流量计信号	检测进气量	控制基本喷油量
发动机转速信号	检测发动机转速	控制基本喷油量；燃油切断控制
冷却液温度传感器信号	检测发动机温度	喷油量温度校正
节气门位置传感器信号	检测节气门位置、识别怠速	不同工况喷油量修正；怠速喷油控制；燃油切断控制
起动信号	检测起动工况	起动喷油量控制
车速信号	检测车速信号	燃油切断控制
蓄电池电压信号	检测电压负荷	燃油修正控制
氧传感器信号	检测废气中含氧信号	燃油反馈控制

二、实施作业

引导问题 6 作业前应该准备哪些工具和设备？

请按以下内容进行作业前的准备工作：
(1) 座椅套、转向盘套、地板垫、车辆翼子板布、前格栅布、车轮挡块、抹布等。
(2) 威驰轿车、5A-FE 发动机台架。
(3) 5A-FE 发动机维修手册(发动机控制部分)。
(4) 工作记录表、评分表。
(5) 喷油器清洗机、万用表、常用套装工具(旋具、扳手)。

引导问题 7 如何进行作业前的检查工作？

请按以下内容进行作业前的检查工作：
(1) 现场安全确认：车辆、举升机、工位安全确认。
(2) 车辆防护：翼子板布、前格栅布、三件套。
(3) 安全检查：机油、冷却液、ATF、蓄电池电压等。

引导问题 8 如何正确填写作业记录表？

请按以下步骤填写作业记录表(表 7-2)。

作 业 记 录 表　　　　　表 7-2

车辆信息	整车型号		
	车辆识别代码		
	发动机型号		

项　目	作业记录内容	备注
一、前期准备		
二、安全检查		
三、仪器连接		
四、故障现象确认	确认故障症状并记录症状现象（根据不同故障范围，进行功能检测，并填写检测结果）	
五、故障码检查		
六、正确读取数据和清除故障码（当定格数据和动态数据中不存在反应故障码特征的相关数据时，应填写"无"）	(1)记录定格数据（只记录故障发生时的数据帧内容）。 ①基本数据。 Injector（Port）　　　　　ms IGN Advance　　　　　　dag Engine Speed　　　　　　r/min Vehicle Speed　　　　　　km/h Coolant Temp　　　　　　℃ ②定格数据中除基本数据外的反应故障码特征的相关数据。 (2)记录与故障码特征相关的动态数据。 (3)清除故障码。 (4)确认故障码是否再次出现，并填写结果	
七、确定故障范围	确定并填写故障范围	
八、基本检查		
九、部件测试	对被怀疑的部件进行测试。 须注明元件名称、插接件代码、针脚编号和测量结果	
十、电路测量	对被怀疑的线路进行测量，须： (1)注明插件代码和编号、控制单元针脚代号以及测量结果。 (2)记录相关波形	
十一、故障部位确认和排除	根据上述的所有检测结果，确定故障内容并注明： (1)确认故障。 (2)故障点的排除说明。	
十二、维修结果确认（表中项目检查有内容时填写检查结果，如果没有时填写"无"）	(1)维修后故障码读取，并填写读取结果。 (2)与原故障码相关的动态数据检查结果。 (3)记录相关波形。 (4)维修后的功能确认并填写结果	
十三、现场恢复		

引导问题 9　如何进行喷油器的就车检查？

发动机工作时,用手触摸喷油器,如图 7-19 所示,或用听诊器检查喷油器开闭时的振动或声响,如图 7-20 所示。如果感觉无振动或听不到声响,说明喷油器或电路有问题。

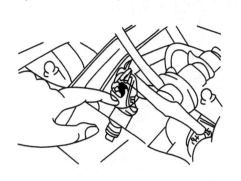

图 7-19　用手触摸喷油器

图 7-20　用听诊器听喷油器工作时的声音

发动机热车后怠速运转时,用旋具或听诊器(触杆式)接触喷油器,通过测听各缸喷油器工作的声音来判断喷油器是否工作。在发动机运转时应能听到喷油器有节奏的"嗒嗒"声,这是喷油器在电脉冲作用下喷油的工作声。若各缸喷油器工作声音清脆均匀,则各喷油器工作正常;若某缸喷油器的工作声音很小,则该缸喷油器的工作不正常,可能是针阀卡滞,应作进一步的检测;若听不见某缸喷油器的工作声音,则该缸喷油器不工作,应检查喷油器及其控制线路。

记录检测结果:喷油器工作声音是否清晰?请将结果填入作业记录表中的"九、部件测试"内。

引导问题 10　如何检查喷油器供电电压？

5A-FE 喷油器的控制电路如图 7-21 所示。请查阅维修手册。

断开各缸喷油器接头,如图 7-22 所示,打开点火开关,用万用表测量喷油器接头 1 号端子与搭铁之间的电压应为蓄电池电压。

请将检查结果记录在作业记录表中。如果电压不是蓄电池电压则应检查供电电路。

引导问题 11　如何检查 ECU 线束与喷油器接头线路？

(1)断开蓄电池负极。
(2)脱开 ECU 连接器 E6(如果台架控制板上有对应的端子测试孔,请利用该测试孔进行测量)。
(3)脱开喷油器连接器。
(4)用万用表分别测量 E6/10、E6/20、E6/30、E6/40 端子与 1、2、3、4 缸喷油器 2 号端子

之间的电阻,如图7-23所示。

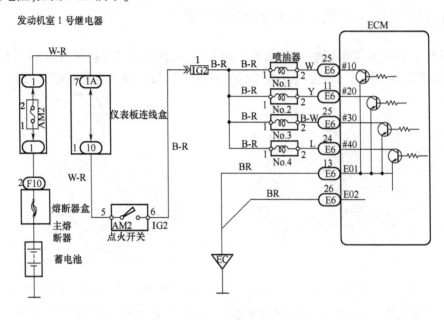

图7-21　5A-FE喷油器控制电路图

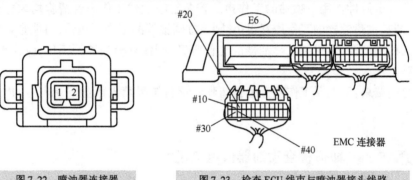

图7-22　喷油器连接器　　　图7-23　检查ECU线束与喷油器接头线路

电阻测量标准值小于1Ω,如果测量结果为无穷大,表示线路间存在断路,请修复该连接线。

(5)用万用表分别测量E6/10、E6/20、E6/30、E6/40端子与车身搭铁之间的电阻。

电阻测量标准值大于1MΩ,如果测量结果小于1Ω,表示该线路与车身搭铁间存在短路路,请修复该连接线。

请将检查结果记录在作业记录表中的"十、电路测量"内。

引导问题 12 如何检查喷油器的电阻？

(1) 关闭点火开关。
(2) 断开各缸喷油器连接器接头。
(3) 用万用表测量各缸喷油器 1-2 号端子之间的电阻，如图 7-24 所示。

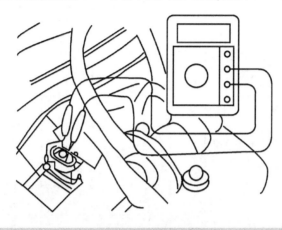

图 7-24 测量喷油器电阻

请将检查结果记录在作业记录表中"九、部件测试"内。

高阻值喷油器电阻为 13~16Ω，低阻值喷油器电阻为 2~3Ω，否则应更换。

引导问题 13 如何检查喷油器控制信号？

断开喷油器连接器，使用 LED 试灯（需串联一个 300Ω 的电阻）进行检查，将 LED 测试灯连接在喷油器插头两个插孔中，打开点火开关。
(1) 起动发动机，如果 LED 灯不亮，表示三极管 C 极和 E 极断路。
(2) 起动发动机时，LED 灯会闪亮，说明传感器和电脑工作正常。
(3) 如果 LED 灯一直点亮，表示三极管 C 极和 E 极短路。
请将检查结果记录在作业记录表中"十、电路测量"内。

引导问题 14 如何利用示波器检测喷油信号波形？

(1) 关闭点火开关，用一个 T 形接头连接喷油器接头。

(2)用示波器正表笔分别连接 E6/10、E6/20、E6/30、E6/40,负表笔搭铁。

(3)起动发动机,调整示波器量程和频率,直至波形显示在屏幕中央。

(4)记录测量波形并填写波形记录表(表 7-3)。

波 形 记 录 表　　　　　　　　　表 7-3

喷油波形(异常)	示波器正表笔连接元件端口编号: 针脚号:_____ 示波器负表笔连接部位:_____	每格电压:　　每格时间:
喷油波形(正常)	示波器正表笔连接元件端口编号: 针脚号:_____ 示波器负表笔连接部位:_____	每格电压:　　每格时间:

> **小提示**
>
> 正确的喷油波形及说明,如图 7-25 所示。

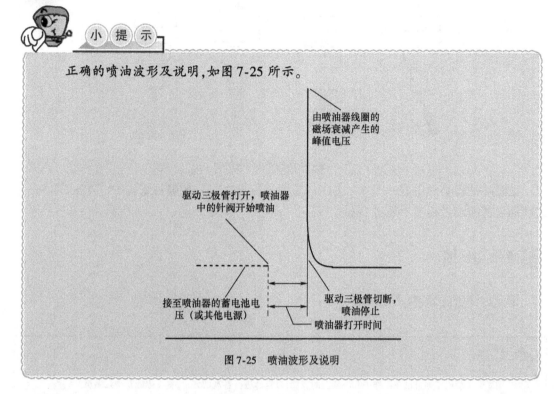

图 7-25　喷油波形及说明

引导问题 15　如何检查喷油器的喷油量？如何清洗喷油器？

喷油器的清洗和喷油量检查可在专用设备上进行检查。

喷油器清洗和检查设备如图 7-26 所示。

喷油器的简单检查也可以直接从车上拆下喷油器,按图 7-27 所示连接喷油器。给喷油器通电后喷油,用量杯检查喷油器的喷油量。每个喷油器应充重复检查 2~3 次,各缸的喷油量和均匀度应符合标准,如图 7-28 所示,否则应清洗或更换。

图 7-26　喷油器清洗和检查设备

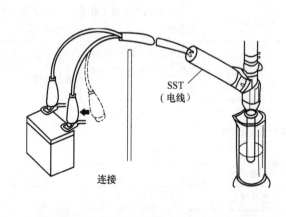

图 7-27　喷油器的简单检查

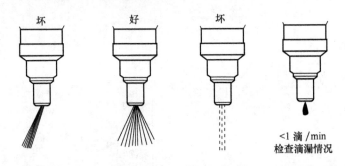

图7-28 喷油器喷油情况检查

低阻喷油器必须串联一个 8~10Ω 电阻后进行检查。一般喷油量为 50~70mL/15s，各缸喷油器的喷油量相差不超过 10%。

三 评价与反馈

请完成评价反馈表(表7-4)。

评 价 反 馈 表　　　　表7-4

请根据你自己在工作中和课堂上的表现,对自己进行客观的评价,看看你能获得几颗星？

评价项目	5颗星	3颗星	1颗星	评价结果
知识掌握情况	掌握相关理论知识,并能运用到实际操作中,学习任务完成良好	基本能够理解相关理论知识,能够完成相应工作	对相关理论知识不明白,不能或者难以完成相应的工作	
动手实践情况	积极参加,做好安全保护工作,注重工作质量	会动手实践,安全保护措施到位,工作质量较好	出现安全隐患,不知道如何动手实践	
小组合作情况	与小组成员配合工作很愉快	与小组其他同学配合工作交流较少	没有与其他同学进行交流	
6S执行情况	值日认真,服从指挥,工位、工装整洁,职业形象好	值日较认真,出现迟到或其他违纪情况	出现忘记值日,工位或工装不整洁的情况	
哪些方面需要改进				
教师点评				
学生姓名		小组长签名		
教师签名		日期		

四 学习拓展

1. 请在图7-29中,用颜色笔标出喷油器工作时的电流方向。

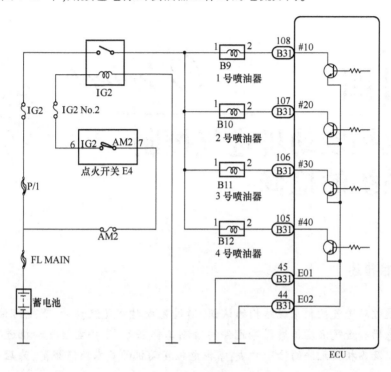

图7-29　喷油器控制线路

2. 喷油器的控制方式有哪几种？各有何特点？

3. 实际喷油量是如何控制的？喷油量的控制有哪几种控制方式？

项目四 电控发动机进气控制系统的检修

项目描述

本项目通过对进气控制系统结构的认识,通过完成对空气流量计、节气门位置传感器、进气压力传感器和进气温度传感器等元件的检测工作任务,掌握电控发动机进气控制系统的基本结构以及各相关元件的检测方法,掌握电控发动机的基本维修规范,为后续项目的学习打下基础。

学习任务八 热线式空气流量计的检测

学习目标

◎ 知识目标

(1)能够叙述电控发动机进气控制系统的基本工作原理和组成。
(2)能叙述热线式空气流量计的工作原理和控制方法。
(3)能够看懂进气控制系统相关电路图。

◎ 技能目标

(1)学会基本检测工具的使用方法,能够判断传感器的好坏。
(2)能够使用工具正确检测热线式空气流量计。
(3)能正确查阅维修手册,使用解码器读取相关故障码,并进行基本检查。
(4)了解和读取相关元件的基本数据流,能读懂相关线路图。
(5)能熟练分析、判断元件故障和线路短路、断路等故障。

项目四 电控发动机进气控制系统的检修

◎ 素养目标
(1)能够制订工作计划,独立完成工作学习任务。
(2)能够在工作过程中,与小组其他成员合作、交流并进行学习任务分工,具备团队合作和安全操作的意识。
(3)养成服从管理,规范作业的良好工作习惯。
(4)培养安全工作的习惯。

 建议完成本学习任务的时间为 4 课时。

 学习任务描述

一辆装备1ZR电控发动机的卡罗拉轿车,车主反映:发动机故障指示灯常亮,发动机加速不良。需要你对进气控制系统进行全面的检测并排除故障。

 学习内容

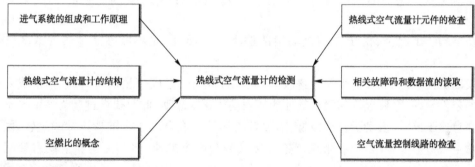

 注意事项

(1)在工作过程中要注意人身安全,认真执行6S管理。
(2)在工作过程中请根据操作步骤,规范操作,防止损坏设备和器材。
(3)严格按照工作要求正确使用仪器设备,出现问题及时报告,服从管理。

一、资料收集

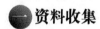 电控发动机正常工作的基本条件是什么?

要使电控发动机正常工作,必须满足以下几点基本条件。

(1) 正确的点火时间和足够的火花强度。
(2) 足够的进气量。
(3) 压力稳定的燃油。
(4) 在汽缸内能够形成浓度合适的可燃混合气。

可燃混合气是指能够使发动机正常工作的空气和燃油的混合气。正确的空气与燃油的混合比例即空燃比(K),它是形成可燃混合气的关键。对于汽油机而言,在正常情况下,1g汽油完全燃烧需要14.7g的空气,因此通常把空气和燃油之比$K=14.7:1$的混合气称为标准混合气,空燃比$K>14.7$的混合气称为稀混合气,而把空燃比$K<14.7$的混合气称为浓混合气。

此外,人们还采用过量空气系数α来描述可燃混合气,其定义为:实际进入汽缸的进气量/标准空气量(14.7)。当$\alpha=1$时,称为标准混合气,当$\alpha>1$时称为稀混合气,当$\alpha<1$时称为浓混合气。

引导问题2　不同工况下,发动机对可燃混合气的浓度有何不同的要求?

在不同的工况下,由于发动机输出的功率不一样,因此对可燃混合气的浓度要求也不同。

发动机在起动工况时,由于转速较低,此时汽缸内的温度也较低,在汽缸内形成可燃混合气的条件较差,需要极浓的混合气才能使发动机正常起动,此时要求过量空气系数$\alpha<1$。

在怠速工况时,发动机转速较低,需要较浓的可燃混合气才能维持正常的运转,因此要求过量空气系数$\alpha<1$。一般来说怠速工况又分为冷车怠速、热车怠速和空调怠速三种情况。冷车怠速是指发动机在冷态起动后,为使发动机温度快速上升,控制系统会控制发动机以较高的转速空转,因此冷车怠速要高于正常的热车怠速。发动机达到正常工作温度以后,会以较低的稳定转速运转,以减低发动机油耗,此时即为正常的热车怠速,一般正常的怠速维持在700~900r/min。而空调怠速是指在开空调的情况下,维持正常运转的稳定转速,一般空调怠速比正常怠速稍高,以维持发动机的正常运转。

发动机处于中小负荷工况时,由于此时发动机只要以较小的节气门开度便可以满足车辆正常行驶,而且发动机负荷较小,发动机的燃烧条件也比较好,因此发动机仅需要较稀的混合气便能够维持正常的运转,即$\alpha>1$。可见发动机处于中小负荷工况下可以获得较好的燃油经济性。

发动机在大负荷工况时,此时发动机负荷较大,节气门开度也较大,发动机需要较浓的混合气来输出较大的功率,因此此时的空燃比$\alpha<1$。

当发动机需要加速时,为了能够有额外的功率进行加速,发动机需要较浓的混合气才能满足车辆加速行驶的需要,即$\alpha<1$。

引导问题3 进气控制系统在不同工况下是如何测量进气量的？空气流量计有哪些类型？

电控发动机是由进气控制系统来测量进入汽缸的空气量的，一般通过空气流量计（L型电控系统）或进气歧管压力传感器（D型电控系统）来检测进气量，并把空气量转换为电信号输送给ECU，ECU根据该信号计算喷油量，使发动机在各个工况下能够得到最佳空燃比的可燃混合气。

空气流量计用于检测流经节气门的空气流量，常见的有体积型和质量型，主要结构类型有叶片式、卡门涡流式、热线式和热膜式等，如图8-1所示。

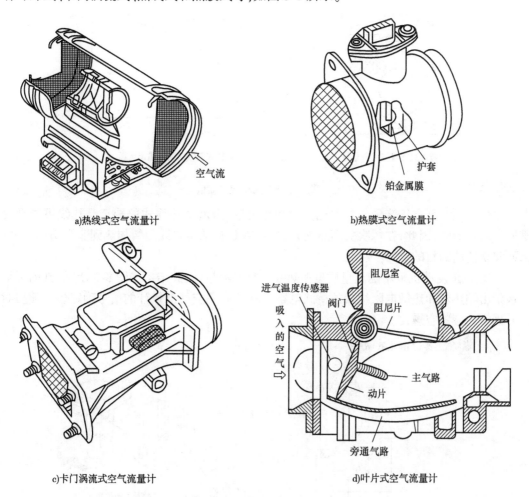

a) 热线式空气流量计　　b) 热膜式空气流量计

c) 卡门涡流式空气流量计　　d) 叶片式空气流量计

图8-1　不同类型的空气流量计

引导问题4 热线式空气流量计的结构是怎样的？热线式空气流量计是如何测量进气量的？

热线式质量型空气流量传感器分为两种类型，一种为全流式，如图8-1a)所示，即所有进气都流过热线,另外一种被称作旁通型,如图8-2a)所示,只有一小部分空气流过热线,这两种类型的工作方式基本相同。热线式空气流量计在工作时,热线被加热到大约200℃,由于空气流过热线使热线温度降低。空气流量越大,热线损失的热量也越多,随着热线温度降低,其电阻也降低。这意味着随着空气流量增大,热线电阻减小。当发动机运行时,空气流量不断变化,所以热线电阻也随之改变,热线的冷却量与进气量的大小相对应,这样流过热丝的电流大小与进气量成比例。ECU通过改变施加于空气流量计的电压来保持电流恒定。电压的大小与通过空气流量计的空气流量成比例,因此ECU通过检测空气流量计电压的变化获取空气量信息,其输出电压如图8-2b)所示。

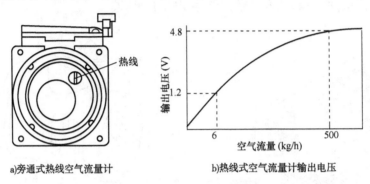

a)旁通式热线空气流量计　　　b)热线式空气流量计输出电压

图8-2　旁通式空气流量计及其输出电压

全流量质量型空气流量传感器比旁通型更灵敏,全流量热线式的缺点是热线可能会变脏所以需要清洁,因此,在每次关闭点火开关时,ECU自动将热线短暂加热到非常高的温度,从而实现清洁的目的。

丰田1ZR发动机采用全流量质量型热线式空气流量计,其结构如图8-3所示,其内部结构包括由铂热丝和热敏电阻组成的桥式电路。ECU利用空气流量计的信号确定燃油喷射时间并确定相应的空燃比。

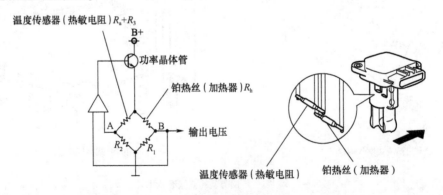

图8-3　热线式空气流量计结构

热线式空气流量计内部有一个铂热丝,如图8-3所示,把热线并入桥式电路,当沿着对角线的两边阻值相等时,即 $(R_a + R_3) \cdot R_1 = R_h \cdot R_2$ 时,A点和B点的电位相等。当热线 (R_h) 被空气冷却时,其电阻下降导致A点和B点产生电位差,运算放大器检测到电位差并施加电压给电路,使流经 R_h 的电流增大,这样热线的温度上升,使 A 点和 B 点的电位再次相等。利用桥式电路的特性,空气流量计就可以通过检测 B 点的电压来测量进气量。

在电路中由于使用了热敏电阻,热线的温度可以持续地保持在比进气温度更高的恒定温度上,而且即使进气温度变化,他们热线和热敏电阻的温度差也保持不变,因此 ECU 也就没有必要为了进气温度变化来校正喷油时间。此外,系统也不需采用海拔高度补偿校正。

1 热膜式空气流量计

热膜式空气流量计如图 8-4 所示,其结构和工作原理与热线式空气流量计基本相同。只是将发热体由热线改为热膜式,将热线封闭在玻璃膜中。热膜是由发热金属铂固定在薄的树脂上构成的。这种结构可使发热体不直接承受空气流动所产生的作用力,增加了发热体的强度,由于热线受到玻璃膜保护提高了工作可靠性,且无须加热清洁电路。

2 卡尔曼式空气流量计

卡尔曼式空气流量计主要有光学检测式和超声波检测式两种类型。光学检测式空气流量计结构如图 8-5 所示,主要由光电管组件、反光镜、进气温度传感器、导压孔和壳体等组成。其工作原理如图 8-6 所示,在光电组件中包括发光二极管和光敏三极管,发光二极管发出的光被反光镜反射到光敏三极管,空气经过空气流量计的涡流发生器后,在导压孔后方产生卡门涡流,涡流的频率与空气的流速成比例,空气产生的卡门涡流使反光镜产生振动,因此光敏三极管便产生与涡流频率一致的信号,其电路图如图 8-7 所示。

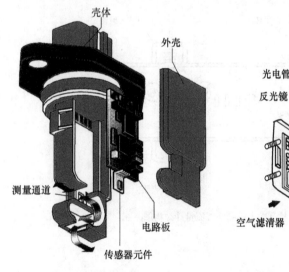

图 8-4 热膜式空气流量计

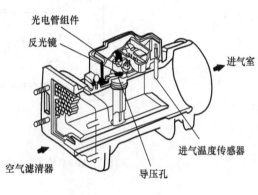

图 8-5 光学检测式卡尔曼空气流量计结构

光学式卡门涡流传感器的信号特征如图 8-8 所示,从图中可以看到 5V 方波信号的频率变化与进气量成正比,进气量多则信号频率高,反之进气量少则信号频率低。

超声波卡尔曼涡流式空气流量计的结构如图 8-9 所示,超声接收器接收到超声波发生器发出的信号频率与空气流量计产生的卡尔曼涡流成比例,ECU 通过检测超声波接收器的频率信号便可以计算出空气量。

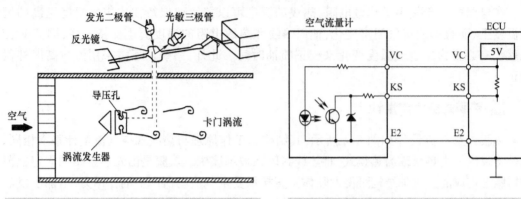

图 8-6 光学检测式卡尔曼空气流量计工作原理　　图 8-7 光学检测式卡尔曼空气流量计电路图

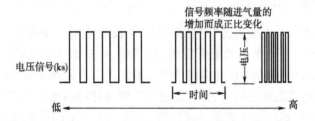

图 8-8 光学检测式卡尔曼空气流量计信号波形

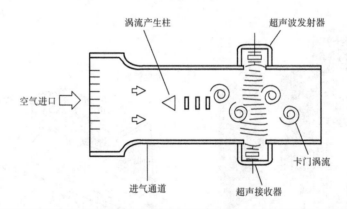

图 8-9 超声波检测式卡尔曼空气流量计结构图

二、实施作业

引导问题5 如何正确填写作业记录表?

请按以下步骤填写作业记录表(表 8-1)。

作业记录表

表 8-1

<table>
<tr><td rowspan="3">车辆信息</td><td>整车型号</td><td colspan="2"></td><td></td></tr>
<tr><td>车辆识别代码</td><td colspan="2"></td><td></td></tr>
<tr><td>发动机型号</td><td colspan="2"></td><td></td></tr>
<tr><td colspan="2">项　　目</td><td colspan="2">作业记录内容</td><td>备注</td></tr>
<tr><td colspan="2">一、前期准备</td><td colspan="2"></td><td></td></tr>
<tr><td colspan="2">二、安全检查</td><td colspan="2"></td><td></td></tr>
<tr><td colspan="2">三、仪器连接</td><td colspan="2"></td><td></td></tr>
<tr><td colspan="2">四、故障现象确认</td><td colspan="2">确认故障症状并记录症状现象（根据不同故障范围，进行功能检测，并填写检测结果）</td><td></td></tr>
<tr><td colspan="2">五、故障码检查</td><td colspan="2"></td><td></td></tr>
<tr><td colspan="2">六、正确读取数据和清除故障码（当定格数据和动态数据中不存在反应故障码特征的相关数据时，应填写"无"）</td><td colspan="2">(1)记录定格数据（只记录故障发生时的数据帧内容）。
①基本数据。
Injector（Port）　　　　　ms
IGN Advance　　　　　　dag
Engine Speed　　　　　　r/min
Vehicle Speed　　　　　　km/h
Coolant Temp　　　　　　℃
②定格数据中除基本数据外的反应故障码特征的相关数据。
(2)记录与故障码特征相关的动态数据。
(3)清除故障码。
(4)确认故障码是否再次出现，并填写结果</td><td></td></tr>
<tr><td colspan="2">七、确定故障范围</td><td colspan="2">确定并填写故障范围</td><td></td></tr>
<tr><td colspan="2">八、基本检查</td><td colspan="2"></td><td></td></tr>
<tr><td colspan="2">九、部件测试</td><td colspan="2">对被怀疑的部件进行测试。
须注明元件名称、插接件代码、针脚编号和测量结果</td><td></td></tr>
<tr><td colspan="2">十、电路测量</td><td colspan="2">对被怀疑的线路进行测量，须：
(1)注明插件代码和编号、控制单元针脚代号以及测量结果。
(2)记录相关波形</td><td></td></tr>
<tr><td colspan="2">十一、故障部位确认和排除</td><td colspan="2">根据上述的所有检测结果，确定故障内容并注明：
(1)确认故障。
(2)故障点的排除说明。</td><td></td></tr>
<tr><td colspan="2">十二、维修结果确认（表中项目检查有内容时填写检查结果，如果没有时填写"无"）</td><td colspan="2">(1)维修后故障码读取，并填写读取结果。
(2)与原故障码相关的动态数据检查结果。
(3)记录相关波形。
(4)维修后的功能确认并填写结果</td><td></td></tr>
<tr><td colspan="2">十三、现场恢复</td><td colspan="2"></td><td></td></tr>
</table>

小提示

如果空气流量计数据显示为 0,则可能的故障原因为:
- 电源断路;
- VG 电路断路或短路;
- 空气流量计元件故障;
- ECU 故障。

如果空气流量计数据显示为 271.0g/s 或以上,则可能的故障原因为:
- E2G 线路断路;
- ECU 故障。

 小提示

1ZR 电控发动机与空气流量计相关的故障代码及描述见表 8-2。

空气流量计代码描述表　　　　　　　表 8-2

故障代码	检测条件	故障部位
P0100	ECU 检测到 MAF 输出电压低于 0.2V 或高于 4.9V 达 3s 以上	MAF 电路断路或短路、MAF 元件故障、ECU 故障
P0102	ECU 检测到 MAF 输出电压低于 0.2V 达 3s 以上	同上
P0103	ECU 检测到 MAF 输出电压高于 4.9V 达 3s 以上	同上

 **注意**

当空气流量计出现故障时,ECU 进入失效保护模式,此时 ECU 根据发动机的转速和节气门位置来计算点火正时。

引导问题 6 如何根据维修手册对空气流量计元件进行检测?

丰田 1ZR 发动机空气流量计控制原理如图 8-10 所示,空气流量计 B2 的电源由蓄电池提供,经主继电器控制向空气流量计的 B2-3 端子供电,空气流量计 B2-5 端子与 ECU(B31-118)端子相连接,向 ECU 提供空气流量计信号(VG),空气流量计 B2-4 端子与 ECU(B31-116)端子相连接,经 ECU 内部搭铁(E2G)。ECU 通过 A50-44 端子控制主继电器线圈来控制主继电器的工作。

请按表 8-3 的步骤操作,并将结果填写作业记录表 8-1 的"九、部件测试"和"十、电路测量"中。

项目四 电控发动机进气控制系统的检修

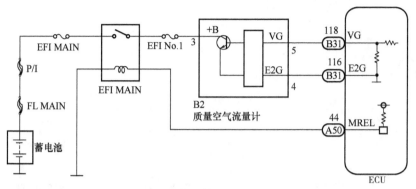

图 8-10 丰田热线式空气流量计电路原理图

作业记录表   表 8-3

项目与步骤	作业内容	备注
检测 MAF 供电电压和输出电压	（1）断开连接器，如下图所示，打开点火开关，测量 3 号端子与车身搭铁之间的电压。 记录检测结果：端子 **B2-3** 与 **车身** 之间的电压。 （2）关闭点火开关，断开连接器，用旋具取下空气流量计。 （3）向端子 3 和 4 之间施加蓄电池电压，用口向空气流量计的热丝吹气，观察 VG 和 E2G 之间的输出电压是否符合变化要求。 记录检测结果：端子 **B2-5** 和端子 **B2-4** 之间的电压。	小提示：正确选择量程。别忘了查阅维修手册。 小提示：正确选择挡位和量程。 注意：不能损坏各端子。 小提示：电压应随着气流变化

温度传感器标准电阻见表8-4。

温度传感器标准电阻 表8-4

端子	条件(℃)	电阻(kΩ)
1-2	-20	13.6~18.4
1-2	20	2.21~2.69
1-2	60	0.49~0.67

引导问题7 如何根据维修手册对空气流量计线路进行维修检测？

(1) 断开蓄电池负极，分别断开空气流量计和ECU连接器，如图8-11所示。

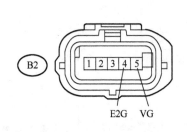
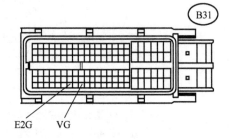

a) 空气流量计连接器　　　　　　　b) ECU连接器

图8-11　空气流量计和ECM连接器

(2) 检查空气流量计与ECU之间的线路(如利用实训台架，请使用引出线或检测端子检测，避免损坏ECU)，用万用表电阻挡进行测量并记录结果在表8-5中。

线路测量结果记录表 表8-5

连接端子	测量结果	测量结果分析
B31-118 与 B2-5		
B31-116 与 B2-4		
B2-5 与车身搭铁		
B2-3 与车身搭铁		
B2-4 与车身搭铁		
B2-3 与 B2-4		
B2-3 与 B2-5		
B2-5 与 B2-4		

项目四　电控发动机进气控制系统的检修

引导问题8　**如何利用示波器检测空气流量计信号波形？**

(1) 关闭点火开关，用一个T形接头连接空气流量计接头。
(2) 用示波器正表笔连接 VG 信号端子，负表笔与搭铁连接。
(3) 起动发动机，调整示波器量程和频率，直至波形显示在屏幕中央。
(4) 记录测量波形，并填写表8-6。

波　形　记　录　表　　　　　　　　　　　　　表 8-6

		每格电压：　　　　每格时间：
MAF 波形（异常）	示波器正表笔连接元件端口编号：_____ 针脚号：_____ 示波器负表笔连接部位：_____	
MAF 波形（正常）	示波器正表笔连接元件端口编号：_____ 针脚号：_____ 示波器负表笔连接部位：_____	每格电压：　　　　每格时间：

三 评价与反馈

请填写评价反馈表(表8-7)。

评 价 反 馈 表　　　　　　　　　表8-7

请根据你自己在工作中和课堂上的表现,对自己进行客观的评价,看看你能获得几颗星?

评价项目	5颗星	3颗星	1颗星	评价结果
知识掌握情况	掌握相关理论知识,并能运用到实际操作中,学习任务完成良好	基本能够理解相关理论知识,能够完成相应工作	对相关理论知识不明白,不能或者难以完成相应的工作	
动手实践情况	积极参加,做好安全保护工作,注重工作质量	会动手实践,安全保护措施到位,工作质量较好	出现安全隐患,不知道如何动手实践	
小组合作情况	与小组成员配合工作很愉快	与小组其他同学配合工作交流较少	没有与其他同学进行交流	
6S执行情况	值日认真,服从指挥,工位、工装整洁,职业形象好	值日较认真,出现迟到或其他违纪情况	出现忘记值日,工位或工装不整洁的情况	
哪些方面需要改进				
教师点评				
学生姓名		小组长签名		
教师签名		日期		

四 学习拓展

1.空气流量计有哪几种形式?

2.用检测仪观察不同情况下,进气量和喷油量之间的关系,并记录在表8-8中。

数 据 记 录 表　　　　　　　　　表8-8

条　件	发动机转速(r/min)	进气量(g/s)	燃油喷射时间(ms)
急速			
节气门开度为50%			

学习任务九　进气歧管绝对压力传感器的检测

学习目标

◎ **知识目标**

(1) 能够叙述电控发动机 D 型控制系统的基本工作原理和组成。

(2) 能叙述歧管压力传感器的工作原理和控制方法。

(3) 能够看懂歧管压力传感器相关电路图。

◎ **技能目标**

(1) 学会基本检测工具的使用方法，能够判断传感器的好坏。

(2) 能够使用工具正确检测歧管压力传感器。

(3) 能正确查阅维修手册，使用解码器读取相关故障码，并进行基本检查。

(4) 了解和读取相关元件的基本数据流，能读懂相关线路图。

(5) 能熟练分析、判断元件故障和线路短路、断路等故障。

◎ **素养目标**

(1) 能够制订工作计划，独立完成工作学习任务。

(2) 能够在工作过程中，与小组其他成员合作、交流并进行学习任务分工，具备团队合作和安全操作的意识。

(3) 养成服从管理，规范作业的良好工作习惯。

(4) 培养安全工作的习惯。

建议完成本学习任务的时间为 4 课时。

学习任务描述

一辆装备 5A-FE 电控发动机的威驰轿车，车主反映：发动机故障指示灯常亮，怠速不稳。需要你对进气歧管压力传感器进行检测，确定故障部位并排除故障。

学习内容

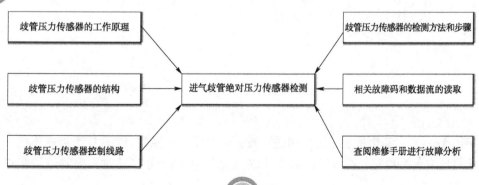

注意事项

(1) 在工作过程中要注意人身安全,认真执行6S管理。
(2) 在工作过程中请根据操作步骤,规范操作,防止损坏设备和器材。
(3) 严格按照工作要求正确使用仪器设备,出现问题及时报告,服从管理。

一、资料收集

引导问题1 进气歧管压力传感器的结构是怎样的?进气歧管压力传感器是如何测量进气量的?

歧管压力传感器结构如图9-1所示,主要由硅片、真空室、滤网及集成元件构成。歧管压力传感器(MAP)主要作用是检测进气歧管的进气压力,是D型EFI系统中最重要的传感器之一。发动机工作时,随着活塞的上下运动和节气门开度的变化,进气歧管内的真空度也随之变化,歧管压力传感器便利用发动机工作时歧管内真空度的变化来检测进气量,并通过传感器内部的集成元件,将进气压力转换为PIM信号传给发动机ECU。发动机ECU根据输入的PIM信号,确定基本喷射时间和基本点火提前角。歧管压力传感器单元内装有一个硅芯片,其上方有一个保持在预定真空度的真空室。硅芯片的下方与歧管进气压力管相连接。歧管进气压力的变化会造成硅芯片形状的变化,硅芯片的电阻值也会根据变形程度而变化。电阻值的变化量经硅芯片变换后所得的电压信号就是PIM信号。

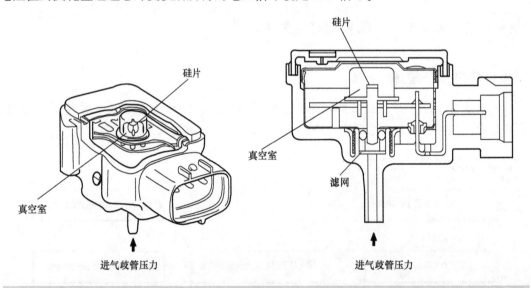

图9-1 进气歧管绝对压力传感器

丰田5A-FE发动机控制系统采用进气歧管绝对压力传感器,属于D型控制系统。进气歧管绝对压力传感器安装在节气门后方的进气管上,有部分车型通过真空管连接在进气管上。压力传感器检测进气歧管的绝对压力,并转化为电压信号传给 ECU。ECU 根据该信号确定基本的喷油时间和基本点火提前角。由于进气歧管绝对压力传感器不以大气压力为标准,而是以进气歧管绝对压力为标准,即进气压力与预定的绝对真空度成正比,因此进气歧管绝对压力传感器不受海拔高度和其他因素引起的大气压力波动影响。这也使得进气歧管绝对压力传感器可以在各种情况下容易实现空燃比的控制。

压阻效应原理:固体受到力的作用后,电阻率发生显著的变化,这种效应称为压阻效应。进气歧管绝对压力传感器就是利用这种效应制成的。

引导问题2 进气歧管压力传感器的信号是怎样的?

发动机运转时,随之节气门开度的变化,进气歧管内的真空度也随之发生变化。急速时,节气门开度小,进气歧管的真空度大,进气歧管绝对压力传感器输出的电压较低,随之节气门开度的增大,进气歧管内压力上升,进气歧管绝对压力传感器输出的电压也随之上升。进气歧管绝对压力传感器信号特征如图9-2 所示:当进气歧管压力升高时,PIM 信号电压也成比例增加。ECU 便是根据这个变化的电压信号来计算进气量的。

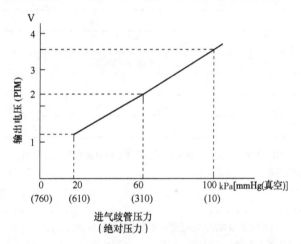

图9-2 进气歧管绝对压力传感器信号特征

5A-FE 发动机的进气歧管绝对压力传感器电路原理如图9-3 所示,传感器的三个端子与 ECU 直接连接,压力传感器通过2 号端子向 ECU 提供歧管压力信号(PIM 信号),传感器通过 VC 端子(3 号端子)接收来自 ECU 的5V 电压,为传感器提供电源,传感器的 E2 端子通过 ECU 搭铁,形成回路。

如果传感器出现故障或者相关线路出现故障超过0.5s,ECU 检测出这一故障后,便点亮故障指示灯,同时存储故障码为:P0105。发动机 ECU 检测到这一故障码后,便起动失效保护功能,保持车辆的点火时间和喷油时间不变,使车辆得以继续行驶。

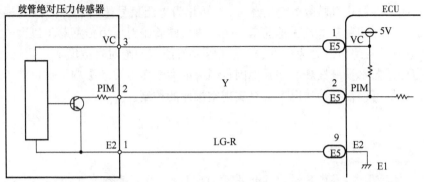

图 9-3 进气歧管绝对压力传感器电路原理图

二、实施作业

引导问题 3 如何正确填写作业记录表?

请正确使用检测设备,读取故障码和相关数据流,并填写作业记录表(表 9-1)。

作业记录表   表 9-1

车辆信息	整车型号		
	车辆识别代码		
	发动机型号		
项 目	作业记录内容		备注
一、前期准备			
二、安全检查			
三、仪器连接			
四、故障现象确认	确认故障症状并记录症状现象(根据不同故障范围,进行功能检测,并填写检测结果)		
五、故障码检查			
六、正确读取数据和清除故障码(当定格数据和动态数据中不存在反应故障码特征的相关数据时,应填写"无")	(1)记录定格数据(只记录故障发生时的数据帧内容)。 ①基本数据。 Injector(Port)　　　　　ms IGN Advance　　　　　dag Engine Speed　　　　　r/min Vehicle Speed　　　　　km/h Coolant Temp　　　　　℃ ②定格数据中除基本数据外的反应故障码特征的相关数据。		

续上表

项 目	作业记录内容	备注
六、正确读取数据和清除故障码（当定格数据和动态数据中不存在反应故障码特征的相关数据时，应填写"无"）	(2) 记录与故障码特征相关的动态数据。 (3) 清除故障码。 (4) 确认故障码是否再次出现，并填写结果	
七、确定故障范围	确定并填写故障范围	
八、基本检查		
九、部件测试	对被怀疑的部件进行测试。 须注明元件名称、插接件代码、针脚编号和测量结果	
十、电路测量	对被怀疑的线路进行测量，须： (1) 注明插件代码和编号、控制单元针脚代号以及测量结果。 (2) 记录相关波形。	
十一、故障部位确认和排除	根据上述的所有检测结果，确定故障内容并注明： (1) 确认故障。 (2) 故障点的排除说明。	
十二、维修结果确认（表中项目检查有内容时填写检查结果，如果没有时填写"无"）	(1) 维修后故障码读取，并填写读取结果。 (2) 与原故障码相关的动态数据检查结果。 (3) 记录相关波形。 (4) 维修后的功能确认并填写结果	
十三、现场恢复		

小 提 示

正常的压力传感器数据应该与大气压力相同。

如果歧管压力传感器数据显示为"0"，则可能的故障原因为：

①电源断路；

②元件故障；

③ECU故障。

如果数据显示为130kPa或以上，则可能的故障原因为：

①E2线路断路；

②VC电路断路或短路；

③ECU故障；

④PIM线路开路。

引导问题 4 如何根据维修手册对歧管压力传感器线路进行维修检测?

请查阅维修手册根据以下步骤进行作业并填写作业记录表(表 9-2),并把结果记录在表 9-1 的"九、部件测试"和"十、电路测量中"。

作业记录表　　　　　　　　　　　　　　　　　表 9-2

项目与步骤	作业内容	备注
一、检查供电电压	如下图所示,拔下 MAP 传感器的插头,打开点火开关,测量连接器 VC 端子与 E2 之间的电压,判断该电压是否为 4~6V。 （图示：接插件端子 E2、1、2(PIM)、3、VC） 记录测量结果:端子 VC 与端子 E2 之间的电压为_____, 检测结果分析:_____	记录工作要点: _____ _____ 小提示:正常的电压为 4~6V。如果不是,则要检查连接线束或者更换 ECU
二、元件检查,测量 MAP 输出电压与真空度之间的变化情况	取下 MAP 传感器的真空软管,打开点火开关,测量在不同情况下 ECU 端子 PIM 与 E2 之间的电压。 ①测量在大气压力作用下时,PIM 电压并记录测量结果。起动发动机,怠速时 PIM 端子与 E2 之间的电压为_____,在 3000 r/min 时,PIM 端子与 E2 之间的电压为_____。 ②关闭点火开关,连接真空加装设备,向传感器施加不同的真空压力,测量的 PIM 端子与 E2 之间的电压,算出电压下降值,在表 9-3 中记录测量结果,与表 9-4 对照。 信号电压下降量 = VC 电源电压 – PIM 电压	注意:请利用控制板上的输出孔进行测量,禁止断开 ECU 进行测量。 小提示:要观察真空表和电压表之间的数据变化,记录数据要清晰,正确填写
三、测量 ECU 之间的连接线路是否正常	关闭点火开关,断开蓄电池负极,断开 ECU 连接器(如果有测试孔则不必断开),测量 ECU 与压力传感器之间的连线是否断路和短路。注意:请利用控制板上的输出孔进行测量,不必断开 ECU 进行测量。 在表 9-5 中记录测量结果	小提示:数据要清晰,正确填写

电压测量记录表　　　　　　　　　　　　　　　　　表 9-3

真空度	端子 PIM 的输出电压	信号电压下降量

进气歧管绝对压力传感器信号电压变化数据表　　　　　表 9-4

真空度(kPa)	电压下降量(V)	真空度(kPa)	电压下降量(V)
20.0	2.8~3.2	53.5	1.8~2.2
26.7	2.6~3.0	66.7	1.4~1.8
40.0	2.2~2.6		

线路检查记录表　　　　　表 9-5

连接端子	检查结果	检查结果分析
传感器-3 与 E5-1		
传感器-2 与 E5-2		
传感器-1 与 E5-9		
传感器-3 与车身搭铁		
传感器-2 与车身搭铁		
传感器-3 与传感器-2		
传感器-1 与传感器-3		
传感器-2 与传感器-1		

引导问题 5　　如何检测歧管压力传感器信号波形？

请查阅维修手册，根据以下步骤进行作业，并填写波形记录表(表 9-6)。

波形记录表　　　　　表 9-6

		每格电压：　　　每格时间：
MAP 波形(异常)	示波器正表笔连接元件端口编号： 针脚号： ─────── 示波器负表笔连接部位： ───────	

续上表

MAP 波形(正常)	示波器正表笔连接元件端口编号： ———— 针脚号： ———— 示波器负表笔连接部位： ————	每格电压：　　　　每格时间： （示波器波形网格）

除了福特的进气压力传感器以外，几乎所有的进气压力传感器的输出信号都是模拟的。福特的进气压力传感器输出信号是数字信号，在用示波器测试进气压力传感器时，模拟信号和数字信号的设定和检测步骤是不同的。

如果连接传感器的真空软管脱掉，则喷油量将达到最高值，发动机将不能正常运转。而且，如果传感器的接头脱落，则发动机 ECU 将转换至失效保护模式。

三、评价与反馈

请完成评价反馈表(表9-7)。

项目四　电控发动机进气控制系统的检修

评 价 反 馈 表　　　　　　　　　　　　　　表9-7

请根据你自己在工作中和课堂上的表现,对自己进行客观的评价,看看你能获得几颗星?

评价项目	5颗星	3颗星	1颗星	评价结果
知识掌握情况	掌握相关理论知识,并能运用到实际操作中,学习任务完成良好	基本能够理解相关理论知识,能够完成相应工作	对相关理论知识不明白,不能或者难以完成相应的工作	
动手实践情况	积极参加,做好安全保护工作,注重工作质量	会动手实践,安全保护措施到位,工作质量较好	出现安全隐患,不知道如何动手实践	
小组合作情况	与小组成员配合工作很愉快	与小组其他同学配合工作交流较少	没有与其他同学进行交流	
6S执行情况	值日认真,服从指挥,工位、工装整洁,职业形象好	值日较认真,出现迟到或其他违纪情况	出现忘记值日,工位或工装不整洁的情况	
哪些方面需要改进				
教师点评				
学生姓名		小组长签名		
教师签名		日期		

四　学习拓展

1. 歧管压力传感器有何作用?其输出信号有何特点?请画出其工作波形。

2. 用手持式真空计改变歧管压力传感器的真空度,用诊断仪读取不同真空度情况下喷油时间的变化并记录在表9-8中。

数 据 记 录 表　　　　　　　　　　　　　　表9-8

条　件	施加到进气歧管压力传感器上的真空度	燃油喷射时间(ms)
发动机无负荷转速 1000r/min	正常情况(　　　)mmHg	
	-400mmHg	
	-300mmHg	
	-200mmHg	
	-100mmHg	
	0mmHg	

学习任务十 节气门位置传感器的检测

学习目标

◎ **知识目标**
(1) 能叙述节气门位置传感器、加速踏板位置传感器的结构类型和基本组成。
(2) 能叙述节气门位置传感器、加速踏板位置传感器的工作原理和控制方法。
(3) 能够看懂节气门位置传感器、加速踏板位置传感器相关电路图。

◎ **技能目标**
(1) 学会基本检测工具的使用方法,能够判断传感器的好坏。
(2) 能够使用工具正确检测不同类型的节气门位置传感器。
(3) 能正确查阅维修手册,使用解码器读取相关故障码,并进行基本检查。
(4) 了解和读取相关元件的基本数据流,能读懂相关线路图。
(5) 能熟练分析、判断元件故障和线路短路、断路等故障。

◎ **素养目标**
(1) 能够制订工作计划,独立完成工作任务。
(2) 能够在工作过程中,与小组其他成员合作、交流并进行学习任务分工,具备团队合作和安全操作的意识。
(3) 养成服从管理,规范作业的良好工作习惯。
(4) 培养安全工作的习惯。

 建议完成本学习任务的时间为 **4 课时**。

 学习任务描述

一辆装备 5A-FE 电控发动机的威驰轿车,车主反映:仪表故障指示灯常亮,加速不良。需要你对节气门位置传感器进行全面的检测并排除故障。

 学习内容

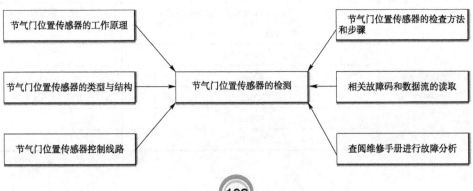

注意事项

(1) 在工作过程中要注意人身安全,认真执行6S管理。
(2) 在工作过程中请根据操作步骤,规范操作,防止损坏设备和器材。
(3) 严格按照工作要求正确使用仪器设备,出现问题及时报告,服从管理。

资料收集

引导问题1 节气门位置传感器传感器有何作用?节气门位置传感器有哪几种类型?

节气门位置传感器(TPS)安装在节气门体内,通过节气门轴与节气门拉索联动,用于检测节气门开度信号,并转换为电信号传给ECU。ECU根据TPS信号判断车辆不同的工况,如急速工况、加速工况、中小负荷工况等,控制空燃比和燃油切断。

根据结构不同,节气门位置传感器有线性可变电阻型、开关型、霍尔型等。

1 开关型节气门位置传感器

这类节气门位置传感器使用一个急速(IDL)触点和高功率(PSW)触点来检测发动机是急速还是在高负荷下运转,其结构如图10-1所示。

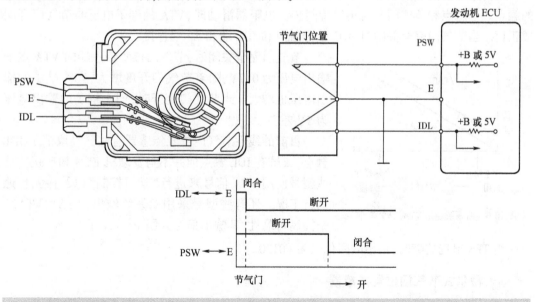

图10-1 开关型节气门位置传感器

当节气门完全关闭时,急速触点闭合、高功率触点断开。这时发动机ECU确定发动机处于急速。当踩下加速踏板时,急速触点断开,当节气门开度超过某个点时,PSW触点闭合,这时 ECU 确定发动机是在高负荷下运行了。

2 线性可变电阻型节气门位置传感器

这类节气门位置传感器使用可变电阻器来检测节气门位置的变化量,并转变为电信号(VTA)传给 ECU。其结构如图 10-2 所示。

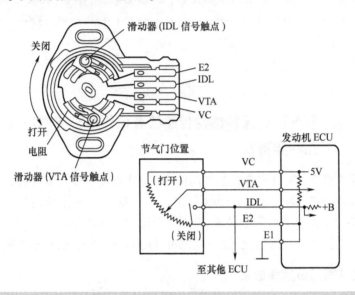

图 10-2 线性节气门位置传感器电路原理图

此传感器由两个滑块和一个电阻器构成,而且每个的两端都有 IDL 信号和 VTA 信号用的触点。当触点和节气门开启角保持同步沿电阻器滑动时,VTA 的端子电压与节气门开度成正比。当节气门完全关闭时,IDL 信号触点和 IDL 端和 E2 端连接。

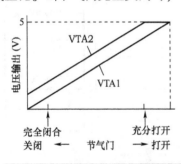

图 10-3 双系统输出 VTA1、VTA2 信号

节气门完全关闭时,节气门位置传感器的 VTA 端子输出电压为 0.7V,随着节气门开度增大,VTA 端子的输出电压也增大。当节气门全开时,VTA 端子的输出电压为 5V 左右。

目前的线性节气门位置传感器有些已经取消了 IDL 触点,或虽有 IDL 触点但并不与发动机 ECU 相连接。这些型号使用 VTA 信号来进行"学习控制"以及检测急速运行工况。还有些型号采用双系统输出(VTA1、VTA2)来提高可靠性,其输出信号如图 10-3 所示。

当 TPS 出现故障时,输出故障代码为 P0120。

3 霍尔式节气门位置传感器

霍尔式节气门位置传感器其结构如图 10-4 所示,由霍尔元件和可绕其转动的磁铁制成的霍尔 IC 构成。磁铁安装在与节气门轴的相同轴上,和节气门一起转动,当节气门开启时,磁铁也同时转动并改变磁铁的位置。霍尔元件探测因磁铁位置变化所造成磁通量的变化,并根据此变化量从 VTA1 端子和 VTA2 端子输出最终的霍尔效应电压,其线路如图 10-5a)所示。此信号被送至发动机 ECU 作为节气门开度信号,如图 10-5b)所示。此类型传感器不仅能精确地探测节气门开启程度,还采用了无接触方式,简化了构造,所以不易发生故障。而且,为了确保此传感器的可靠性,还具有不同输出特性的两个系统输出信号。

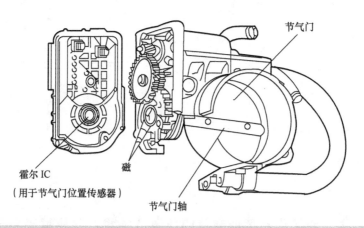

图 10-4 霍尔式节气门位置传感器

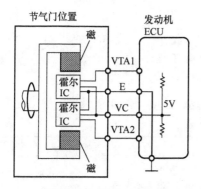

a)霍尔式节气门位置传感器线路

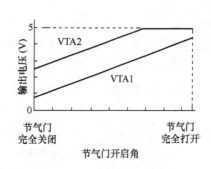

b)霍尔式节气门位置传感器输出信号

图 10-5 霍尔式节气门位置传感器

霍尔效应

霍尔效应是当磁场垂直施加于通有电流的导线时,就会产生垂直于此电流和磁场的电压差,其原理如图 10-6a)所示。而且,此电压差所产生的电压将和其施加的磁通量密度成正比例地变化。霍尔元件型节气门位置传感器是利用这个原理,将节气门位置的变化(开启)转换成磁通量密度的变化,来精确地测量节气门开度的变化,其输出电压如图 10-6b)所示。

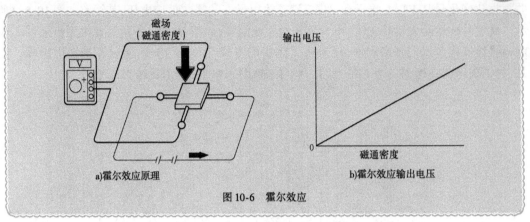

图10-6　霍尔效应

二　实施作业

引导问题2　如何正确读取节气门位置传感器相关故障码和数据流?

在开始作业前请确认已经做好作业前的准备工作。

请正确使用检测设备,读取故障码和相关数据流,并填写作业记录表(表10-1)。

作业记录表　　　　　　　　　　　　　表10-1

项目与步骤	作业内容	备　注
一、读取故障码	关闭点火开关,连接诊断仪。 打开点火开关,打开诊断仪电源,选择相应车型,进入发动机诊断界面,读取故障码为:＿＿＿＿＿。 查阅维修手册,填写故障码所表达的含义:	记录工作要点: ＿＿＿＿＿＿ ＿＿＿＿＿＿
二、起动发动机确认故障现象	□发动机抖动　　　□发动机难起动 □排放超标　　　　□加速不良 □发动机无法起动　□发动机起动后失速 检查故障灯是否点亮:　是□　否□	小提示:别忘了观察仪表
三、读取冻结数据流及基本数据流	(1)冻结数据记录。 ①基本数据。 喷油脉宽:＿＿＿＿＿;点火提前角:＿＿＿＿＿; 发动机转速:＿＿＿＿;冷却液温度:＿＿＿＿。 ②与故障码特征的相关数据。 (2)清除故障码。 (3)再次读取故障码:＿＿＿＿＿。	小提示:数据要清晰,正确填写。 请思考:与节气门位置传感器故障码相关的数据有哪些?发动机会出现哪些故障现象

106

引导问题3 如何根据维修手册对节气门位置传感器线路进行维修检测?(请充分利用发动机台架的测试口进行检测,避免损坏发动机线束)

5A-FE 发动机节气门位置传感器控制线路如图 10-7 所示。

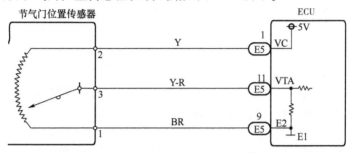

图 10-7 节气门位置传感器控制线路

节气门完全关闭时,节气门位置传感器的 VTA 端子输出电压为 0.7V,随着节气门开度增大,VTA 端子的输出电压也增大。当节气门全开时,VTA 端子的输出电压为 3.5~5V。ECU 根据 VTA 端子的输入信号判断车辆的行驶状况,将这一信号作为校正空燃比信号、功率校正和燃油切断控制的条件之一。当 TPS 出现故障,ECU 检测到 VTA 端子的输入信号小于 0.1V 或大于 4.9V 持续时间超过 5s,便输出故障代码 P0120。

请查阅维修手册,根据以下步骤进行作业。

1 检查节气门位置传感器电阻

取下节气门位置传感器的连接器,用万用表测量节气门位置传感器,如图 10-8 所示。端子 1-2、1-3 之间的电阻应符合规定。如阻值无穷大,表明电位计存在断路。

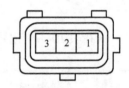

图 10-8 节气门位置传感器端子

2 测量 TPS 输出信号电压

打开点火开关,检测 VTA 端子与 E2 之间的电压,其输出电压变化如图 10-9 所示。请在表 10-2 中记录检测结果。

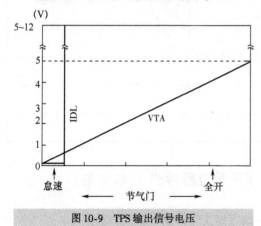

图 10-9 TPS 输出信号电压

测量结果记录表　　表 10-2

节气门开度	测量结果	测量结果分析
(0/4)全关		
(1/4)开度		
(1/2)半开		
(3/4)开度		
全开		

TPS 标准输出电压如表 10-3 所示。

TPS 标准输出电压 表 10-3

状 态	输 出 电 压	状 态	输 出 电 压
节气门全关	0.3~1.0V	节气门全开	2.7~5.2V

动态数据流应该随着节气门开度的变化在 0~100% 之间变化。如果显示为 0，则可能是节气门元件故障、VC 线路断路、VTA 断路或短路。

3 测量 TPS 线路

关闭点火开关，断开蓄电池负极，断开 ECU 连接器（如果有测试孔则不必断开），测量 ECU 与 TPS 之间的连线是否断路和短路。

请利用控制板上的输出孔进行测量，不必断开 ECU 进行测量。

请在表 10-4 中记录测量结果：

线路测量结果记录表 表 10-4

连接端子	检查结果	检查结果分析
传感器-3 与 E5-11		
传感器-2 与 E5-1		
传感器-1 与 E5-9		
传感器-3 与车身搭铁		
传感器-2 与车身搭铁		
传感器-3 与传感器-2		
传感器-1 与传感器-3		
传感器-2 与传感器-1		

引导问题 4 如何在怠速和加速工况下用示波器检测 TPS 波形？

请查阅维修手册，根据以下步骤进行作业，并填写波形记录表（表 10-5）。

波形记录表　　　　　　　　　　　　　　　　　　表 10-5

MAP 波形(异常)	示波器正表笔连接元件端口编号：_____ 针脚号：_____ 示波器负表笔连接部位：_____	每格电压：	每格时间：
MAP 波形(正常)	示波器正表笔连接元件端口编号：_____ 针脚号：_____ 示波器负表笔连接部位：_____	每格电压：	每格时间：

三 评价与反馈

请完成评价反馈表(表 10-6)。

评价反馈表　　　　　　　　　　　表10-6

请根据你自己在工作中和课堂上的表现,对自己进行客观的评价,看看你能获得几颗星?

评价项目	5颗星	3颗星	1颗星	评价结果
知识掌握情况	掌握相关理论知识,并能运用到实际操作中,学习任务完成良好	基本能够理解相关理论知识,能够完成相应工作	对相关理论知识不明白,不能或者难以完成相应的工作	
动手实践情况	积极参加,做好安全保护工作,注重工作质量	会动手实践,安全保护措施到位,工作质量较好	出现安全隐患,不知道如何动手实践	
小组合作情况	与小组成员配合工作很愉快	与小组其他同学配合工作交流较少	没有与其他同学进行交流	
6S执行情况	值日认真,服从指挥,工位、工装整洁,职业形象好	值日较认真,出现迟到或其他违纪情况	出现忘记值日,工位或工装不整洁的情况	
哪些方面需要改进				
教师点评				
学生姓名		小组长签名		
教师签名		日期		

四 学习拓展

1. 节气门位置传感器有哪几种类型?

2. 节气门位置传感器有何作用?

项目四 电控发动机进气控制系统的检修

学习任务十一　怠速控制阀的检修

学习目标

◎ **知识目标**
(1) 能叙述不同怠速控制系统的结构和类型。
(2) 能叙述不同怠速控制系统的工作原理和控制方法。
(3) 能够看懂怠速控制系统相关电路图。

◎ **技能目标**
(1) 学会基本检测工具的使用方法,能够判断传感器的好坏。
(2) 能够使用工具正确检测不同类型的怠速控制阀。
(3) 能正确查阅维修手册,使用解码器读取相关故障码,并进行基本检查。
(4) 了解和读取相关元件的基本数据流,能读懂相关线路图。
(5) 能熟练分析、判断元件故障和线路短路、断路等故障。

◎ **素养目标**
(1) 能够制订工作计划,独立完成工作学习任务。
(2) 能够在工作过程中,与小组其他成员合作、交流并进行学习任务分工,具备团队合作和安全操作的意识。
(3) 养成服从管理,规范作业的良好工作习惯。
(4) 培养安全工作的习惯。

 建议完成本学习任务的时间为 4 课时。

 学习任务描述

一辆装备 5A-FE 电控发动机的轿车,车主反映:发动机怠速抖动。需要你对怠速系统进行全面的检查,确定故障部位并排除故障。

 学习内容

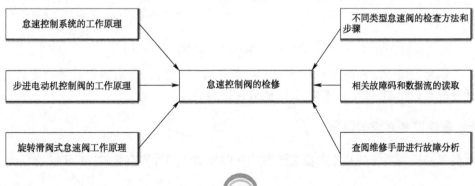

注意事项

(1) 在工作过程中要注意人身安全,认真执行6S管理。
(2) 在工作过程中请根据操作步骤,规范操作,防止损坏设备和器材。
(3) 严格按照工作要求正确使用仪器设备,出现问题及时报告,服从管理。

 资料收集

引导问题1 怠速控制系统有什么作用?它有哪些类型?

1 怠速控制系统的功能

怠速控制系统(ISC)的基本组成如图11-1所示,主要由怠速控制阀、发动机电控单元、旁通道等组成。怠速控制系统的作用是根据冷却液温度传感器(THW)、节气门位置传感器(TPS)、起动机信号(STA)、空调开关信号(A/C)、空挡开关信号(NSW)、车速信号(SPD)等信号识别发动机的怠速工况,并根据目标转速控制怠速阀,精确控制发动机怠速,以满足环保性和经济性的要求。

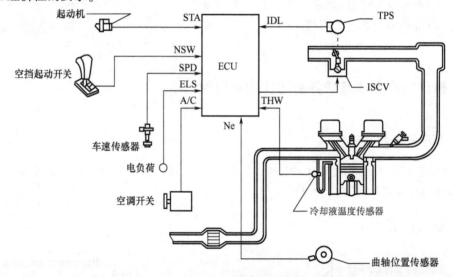

图11-1 怠速控制系统组成

发动机怠速是指发动机在不对外输出功率情况下,维持正常运转的最低稳定转速。一般包括冷车怠速控制、热车怠速控制、空调怠速控制等。

2 怠速控制系统的类型

目前怠速控制系统的基本类型主要有节气门直动式和旁通空气式,如图11-2所示。

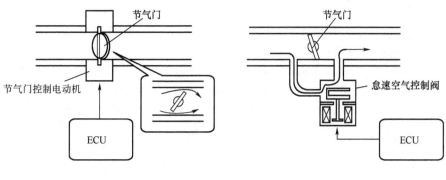

a) 节气门直动式怠速控制　　　　b) 旁通空气式怠速控制

图 11-2　怠速控制的基本类型

节气门直动式怠速控制由 ECU 直接控制节气门电动机来实现,在进气道中没有旁通空气道,ECU 通过节气门电动机改变节气门的最小开度来控制怠速进气量,从而实现怠速控制。

旁通空气式怠速控制系统设有旁通节气门的怠速空气道,由 ECU 控制怠速控制阀调节流经怠速空气道的空气量来控制怠速进气量,从而实现怠速控制。

引导问题2　怠速控制阀有哪几种类型?

旁通空气式怠速控制系统按怠速阀的结构不同分为步进电动机型、旋转电磁阀型和开关型等。

1　旋转电磁型怠速控制阀

旋转电磁型怠速控制阀主要结构如图 11-3 所示,包括一组电磁线圈、IC(集成电路)、永久磁铁和阀门。该阀安装在节气门体上。IC(集成电路)利用发动机 ECU 传出的占空比信号控制流入电磁线圈电流的方向及大小使阀门转动,控制从节气门的旁通道流入的空气量。当占空比较高时,IC 将阀门向打开方向转动;占空比较低时,IC 将阀门向关闭方向转动。

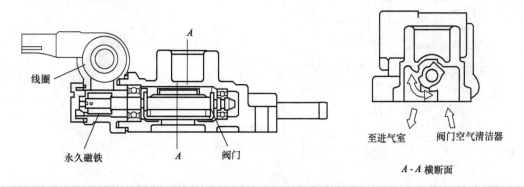

图 11-3　旋转电磁型怠速控制阀

ECU 是通过控制急速阀的通电时间和断电时间长短来控制进气量的大小的,在整个工作期间通电和断电的时间是可变的,即通电时间和断电时间的长短是不断变化的。占空比表示在单个周期内通电时间与总时间的百分比。占空比信号如图 11-4 所示。

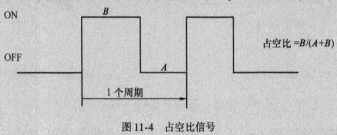

图 11-4　占空比信号

2　步进电动机型急速控制阀

步进电动机型急速控制阀如图 11-5 所示,安装在旁通空气道上,主要由转子、定子线圈、阀门等组成。阀门被安装在转子末端,通过其在转子的旋转过程中的被转出或转入,来控制从旁通通道流入的空气量。步进电动机利用电流流进电磁线圈时对永久磁铁(转子)产生拉力作用来控制阀门的大小。当电流流向 C1 时,使磁铁产生拉力作用,阀门打开。当切断流向 C1 的电流时,电流将流向 C2,则电磁铁将被拉向 C2,阀门进一步打开。同理步进电动机按顺序接通/切断 C3、C4 电流,从而实现电磁铁的逐步转动,控制阀门打开的大小。如果按从 C4 到 C3 到 C2 到 C1 的顺序切换电流,则可以实现电磁铁的反向运动,关闭阀门。这样便可以将电磁铁转到所需要的位置,从而精确控制急速空气量的大小,稳定控制急速。一台实际的步进电动机将利用四组电磁线圈,使磁铁(转子)旋转一圈具有 32 步(有些电动机每旋转一圈只有 24 步)。

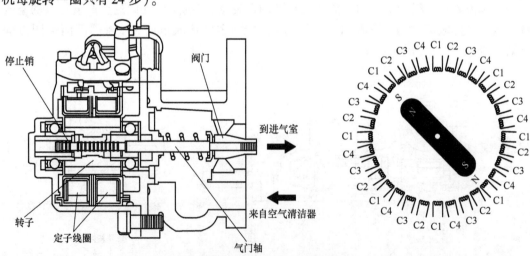

图 11-5　步进电动机阀型急速控制阀

引导问题3　怠速控制系统是如何实现怠速控制的？

为了使怠速控制更加精确，怠速控制系统采用以下策略进行怠速控制。

(1) 起动初始位置的设定。发动机起动时，怠速控制阀必需设定在全开位置，使在起动期间流经怠速控制阀的旁通空气量最大，有利于发动机起动。因此为了改善发动机的起动性能，在发动机熄火后，ECU 的 M-REL 端子向主继电器延续供电 2～3s，使怠速阀处于全开的初始位置。

(2) 起动后控制。发动机起动后，若怠速控制阀仍保持在全开位置，发动机转速将会升得过高，在起动期间或者起动后，当发动机转速达到规定值时(此值由冷却液温度确定)，ECU 开始控制怠速控制阀，将阀门关小到由冷却液温度所确定的阀门开度位置。

(3) 暖机控制。此过程又称为快怠速控制。在此过程中，ECU 根据冷却液温度控制怠速阀的开度，随着温度的上升，阀的开度逐步减小，当冷却液温度达到70℃时，暖机过程结束，如图 11-6 所示。

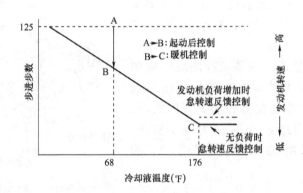

图 11-6　怠速控制

(4) 怠速稳定控制。在怠速运转过程中，ECU 不断将发动机转速信号与目标转速进行比较，当两者的差值超过一定值时(一般为 20r/min)时，ECU 将控制怠速阀的开度，使发动机的转速与目标转速一致。

(5) 怠速预测控制。在发动机怠速运转过程中，如果变速器挡位、转向、空调工作状态发生变化，都会使发动机转速发生变化。因此为了避免怠速波动甚至发动机熄火，在发动机负荷出现变化时，ECU 就会根据各输入信号的变化，提前控制怠速阀的开度，使怠速运转保持正常。

(6) 电气负载增多时的怠速控制。在发动机怠速运转过程中，如果用电负载增大到一定的程度，蓄电池电压就会下降，影响电控系统工作。因此，为了保证系统电压的稳定，ECU 根据蓄电池的电压变化调节怠速阀的开度，提高发动机的转速用于提高发电机的输出功率。

(7) 学习控制。在 ECU 的存储单元中，存储着怠速阀的步数与发动机转速的对应表。但在发动机使用过程中，由于磨损等原因导致控制阀的步数与发动机转速的对应关系发生改变。因此,ECU 利用反馈控制功能使转速恢复到目标值的同时,还将对应的实际步数存储在 ROM 存储器中,以便在以后的怠速控制过程中使用。ECU 会定期更新怠速控制阀的步数与发动机转速的对应表,以便使怠速控制系统能更快达到目标转速。

二、实施作业

引导问题 4 如何正确读取 5A-FE 怠速控制阀相关数据流和故障码?

在开始作业前请确认已经做好作业前的准备工作。

5A-FE 发动机怠速控制系统采用螺旋线圈型怠速控制阀,其安装在节气门体上,如图 11-7 所示。

5A-FE 发动机怠速控制系统控制线路如图 11-8 所示。怠速阀的 1 号端子与 ECU 的 15 号端子连接,由 ECU 的占空比信号控制其开度大小。怠速阀的 3 号端子通过 ECU 的 14 号端子搭铁。怠速阀的 2 号端子由 EFI 继电器提供 12V 的电压。

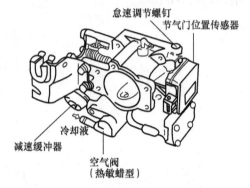

图 11-7 节气门体和怠速控制阀

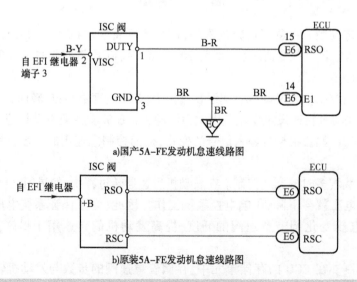

图 11-8 怠速控制系统控制线路

项目四 电控发动机进气控制系统的检修

图11-9a)所示电路图为中国内地版本的5A-FE发动机怠速线路图,如果选用的是日本本土的5A-FE发动机,其怠速控制线路如图11-9b)所示,请根据实际的线路进行检测。

当ECU检测到怠速转速大大偏离目标转速时,便输出故障代码:P0505/43。其可能出现的故障部位包括怠速控制阀开路或短路、怠速控制阀故障或ECU故障。检测故障时请按以下步骤操作。

读取故障码和相关数据流,并在表11-1中记录结果。

作业记录表　　　　　　　　　　　　　　　　　　　表11-1

项目与步骤	作业内容	备注
一、读取故障码	关闭点火开关,连接诊断仪。 打开点火开关,打开诊断仪电源,选择相应车型,进入发动机诊断界面,读取故障码为:_____。 查阅维修手册,填写故障码所表达的含义	记录工作要点:
二、起动发动机确认故障现象	□发动机抖动　　□发动机难起动 □排放超标　　　□加速不良 □发动机无法起动　□发动机起动后失速 检查故障灯是否点亮:　是□　否□	小提示:别忘了观察仪表
三、读取冻结数据流及基本数据流	(1)记录冻结数据。 ①基本数据。 喷油脉宽:_____;点火提前角:_____; 发动机转速:_____;冷却液温度:_____。 ②与故障码特征的相关数据。 (2)清除故障码。 (3)再次读取故障码:_____	小提示:数据要清晰,填写正确。 请思考:与怠速控制系统故障码相关的数据有哪些?发动机会出现哪些故障现象

引导问题5 如何根据维修手册正确检测5A-FE怠速控制阀?

按表11-2中步骤测量,并记录测量结果。

怠速控制线路检查记录表　　　　　　　　　　　　表11-2

步骤	检查项目	检查结果	结果分析
一	VISC端子与搭铁之间的电压		
二	DUTY和RSO之间的电阻		
三	RSO与搭铁之间的电阻		
四	GND端子与搭铁之间的电阻		

引导问题6 　如何用示波器检测怠速控制阀的信号波形？

请查阅维修手册，根据以下步骤进行作业，并填写波形记录表(表11-3)。

波形记录表　　　　　　　　　　　　　　　表11-3

		每格电压：　　　每格时间：
MAP 波形(异常)	示波器正表笔连接元件端口编号：_____ 针脚号：_____ 示波器负表笔连接部位：_____	
MAP 波形(正常)	示波器正表笔连接元件端口编号：_____ 针脚号：_____ 示波器负表笔连接部位：_____	每格电压：　　　每格时间：

项目四 电控发动机进气控制系统的检修

三 评价与反馈

请完成评价反馈表(表11-4)。

评 价 反 馈 表 表11-4

请根据你自己在工作中和课堂上的表现,对自己进行客观的评价,看看你能获得几颗星?

评价项目	5颗星	3颗星	1颗星	评价结果
知识掌握情况	掌握相关理论知识,并能运用到实际操作中,学习任务完成良好	基本能够理解相关理论知识,能够完成相应工作	对相关理论知识不明白,不能或者难以完成相应的工作	
动手实践情况	积极参加,做好安全保护工作,注重工作质量	会动手实践,安全保护措施到位,工作质量较好	出现安全隐患,不知道如何动手实践	
小组合作情况	与小组成员配合工作很愉快	与小组其他同学配合工作交流较少	没有与其他同学进行交流	
6S执行情况	值日认真,服从指挥,工位、工装整洁,职业形象好	值日较认真,出现迟到或其他违纪情况	出现忘记值日,工位或工装不整洁的情况	
哪些方面需要改进				
教师点评				
学生姓名		小组长签名		
教师签名		日期		

四 学习拓展

有些车型如捷达轿车,采用的是节气门直动式控制系统,取消了旁通道,由节气门内的怠速电动机来控制节气门的开度从而控制怠速的高低,其结构如图11-9所示。

(1)检查怠速控制系统起动后,预热控制的工作情况,并在表11-5中记录结果。

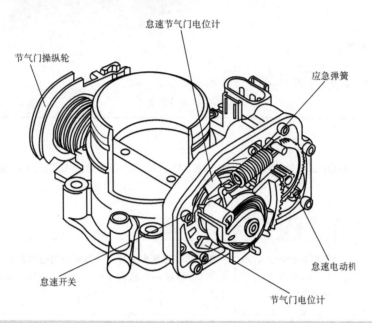

图11-9 节气门直动式怠速控制系统

怠速记录表　　　　　　　　　　　　　　　　　　　　　表11-5

冷却液温度	怠速(r/min)
冷态发动机	
40℃(104°F)	
60℃(140°F)	
80℃(176°F)	

（2）检查当改变发动机负荷时，确定怠速是否升高或降低，并在表11-6中记录怠速的变化。

怠速变化记录表　　　　　　　　　　　　　　　　　　　表11-6

挡　位	怠速(r/min)
P	
R	
D	
N	

（3）检查怠速时，拆下怠速控制阀的插头，并在表11-7中记录怠速的变化情况。

怠速变化记录表　　　　　　　　　　　　　　　　　　　表11-7

怠速(r/min)	拆下插头时的怠速(r/min)

项目四 电控发动机进气控制系统的检修

学习任务十二 电子节气门控制系统的检测

学习目标

◎ **知识目标**
(1)能叙述电子节气门控制系统的结构和类型。
(2)能叙述电子节气门、加速踏板位置传感器的工作原理和控制方法。
(3)能够看懂电子节气门控制系统相关电路图。

◎ **技能目标**
(1)学会基本检测工具的使用方法,能够判断传感器的好坏。
(2)能够使用工具正确检测不同类型的电子节气门控制系统。
(3)能正确查阅维修手册,使用解码器读取相关故障码,并进行基本检查。
(4)了解和读取相关元件的基本数据流,能读懂相关线路图。
(5)能熟练分析、判断元件故障和线路短路、断路等故障。

◎ **素养目标**
(1)能够制订工作计划,独立完成工作学习任务。
(2)能够在工作过程中,与小组其他成员合作、交流并进行学习任务分工,具备团队合作和安全操作的意识。
(3)养成服从管理,规范作业的良好工作习惯。
(4)培养安全工作的习惯。

建议完成本学习任务的时间为 **4** 课时。

学习任务描述

一辆装备1ZR电控发动机的卡罗拉轿车,车主反映:加速不良,故障指示灯常亮。需要你对电子节气门控制系统进行全面的检查,确定故障部位并排除故障。

学习内容

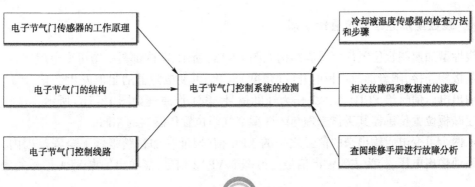

注意事项

(1) 在工作过程中要注意人身安全,认真执行6S管理。
(2) 在工作过程中请根据操作步骤,规范操作,防止损坏设备和器材。
(3) 严格按照工作要求正确使用仪器设备,出现问题及时报告,服从管理。

一 资料收集

引导问题1 电子节气门控制系统有何特点?电子节气门控制系统由哪些元件组成?

目前许多车型采用电子节气门的控制形式。其主要特点是取消了节气门拉索,节气门的开度由电控单元根据加速踏板位置传感器的信号直接控制电子节气门的开度进行控制。丰田1ZR发动机所采用的ETCS-i(智能电子节气门控制系统)就是一种使用计算机控制节气门开度的系统。

传统节气门的开启与关闭是由节气门拉索来控制的。而电子节气门控制系统是根据加速踏板开度的大小,发动机控制单元使用节气门控制电动机来控制节气门的开启角度以达到最佳控制效果。加速踏板的开度是由加速踏板位置传感器来检测。节气门的开度是由节气门位置传感器来检测。

电子节气门控制系统包括加速器踏板位置传感器、发动机控制单元和节气门体。节气门体是由节气门、节气门控制电动机、节气门位置传感器和其他部件构成。

引导问题2 加速踏板位置传感器有何作用?它有哪几种类型?

加速踏板位置传感器的主要作用是将踏板踩下的量(角度)信号转换成送至发动机ECU的电压信号。为了确保工作可靠性,加速踏板位置传感器具有两个不同输出特性的输出信号。加速踏板位置传感器主要有线性型加速踏板位置传感器和霍尔型加速踏板位置传感器两种类型。

1 线性型加速踏板位置传感器

线性型加速踏板位置传感器其结构如图12-1a)所示,其内部是一个可变电阻器,一端与加速踏板相连接,随着加速踏板的开度(角度)变化,可变电阻器的阻值发生变化,通过VPA端子输出电压信号给ECU。VPA2作为辅助信号,其工作原理如图12-1b)所示。这种类型的加速踏板位置传感器其工作原理与线性型节气门位置传感器的相同。

从两个可变电阻输出来的信号之一的VPA信号,能在加速踏板踩下全程范围内,呈线性关系地输出电压,作为主要输出信号。另一个VPA2信号,能输出偏离VPA信号的偏置电压,作为辅助信号,如图12-2所示。

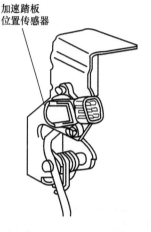

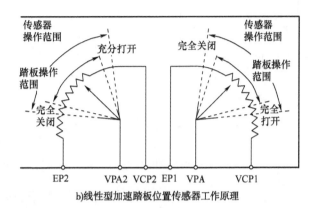

a)线性型加速踏板位置传感器结构　　　　b)线性型加速踏板位置传感器工作原理

图12-1　线性型加速踏板位置传感器

2 霍尔型加速踏板位置传感器

霍尔型加速踏板位置传感器结构如图12-3所示,其内部有一个霍尔传感器IC,当加速踏板角度改变的时候,与加速踏板相连的磁体转动使得磁通量发生变化,传感器通过VPA端子输出电压信号给ECU,其线路图如图12-4a),其输出信号如图12-4b)所示。

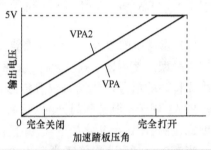

图12-2　线性型加速踏板位置传感器输出信号

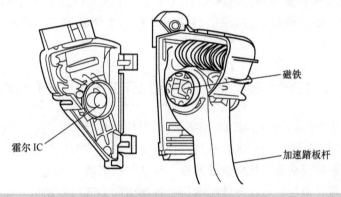

图12-3　霍尔型加速踏板位置传感器结构

注意

在维修过程中不得拆下传感器。因在安装传感器时,需要极精密的位置调整,所以当传感器出现故障时,须更换加速踏板总成。

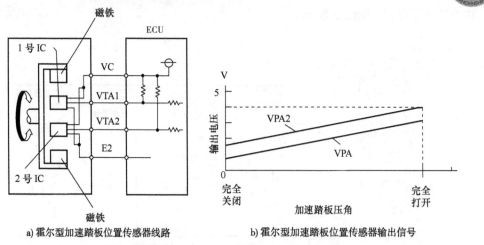

图 12-4　霍尔型加速踏板位置传感器

> **引导问题 3**　1ZR 发动机节气门位置传感器有何作用？它是如何工作的？

1ZR 发动机的节气门位置传感器安装在节气门体总成上，检测节气门开度。该传感器为非接触型。使用霍尔效应元件，以便在极端的行驶条件下，例如高速以及极低车速下，也能生成精确的信号。节气门位置传感器有两个传感器电路 VTA1 和 VTA2，各传送一个信号。VTA1 用于检测节气门开度，VTA2 用于检测 VTA1 的故障。传感器信号电压与节气门开度成比例，在 0～5V 之间变化，并且传送至 ECU 的 VT 端子。

当节气门关闭时，传感器输出电压降低，当节气门开启时，传感器输出电压升高。ECU 根据这些信号来计算节气门开度并响应驾驶人输入来控制节气门执行器。这些信号同时也用来计算空燃比修正值、功率提高修正值和燃油切断控制。其输出信号如图 12-5 所示。

> **引导问题 4**　1ZR 发动机节气门体是如何工作的？它有何结构特点？

1ZR 发动机节气门体结构如图 12-6 所示，节气门体包括节气门、检测节气门开度的节气门位置传感器、控制节气门开度的节气门控制电动机、使节气门返回固定位置的复位弹簧。节气门控制电动机采用了反应灵敏度高、耗能少的直流电动机。

发动机控制单元根据加速踏板传感器信号控制流向节气门控制电动机的电流大小和方向，使电动机转动，电动机通过减速齿轮打开或关闭节气门，控制节气门的开启角度达到最佳角度。节气门的实际开启角由节气门位置传感器检测并反馈给发动机 ECU。

当没有电流流向电动机时，节气门复位弹簧使节气门开启到一个固定位置（6°～7°）。但是，在急速期间的节气门的开度要关闭到小于这个固定位置。

当发动机 ECU 检测到有故障发生时，将点亮组合仪表上的故障指示灯并同时切断电动机电源。但是由于节气门保持开启角度为 6°～7°，所以车辆仍能被开到一个安全的地方。

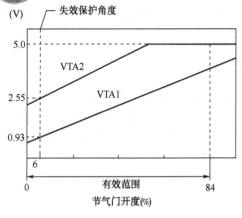

图12-5 1ZR发动机气门位置传感器输出信号

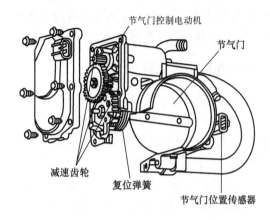

图12-6 1ZR发动机节气门体结构

引导问题5　电控单元是如何控制节气门工作的?

电子控制单元根据各传感器的输入信号,识别发动机的不同工况,根据驾驶人不同的需求精确控制节气门的开度,主要有以下几种控制模式。

1 正常模式控制、雪地模式控制和强动力模式控制

在一般情况下基本上使用正常模式控制,但是控制开关可切换到雪地模式控制或强动力模式控制。不同模式下节气门开度和加速踏板开度之间的关系如图12-7所示。

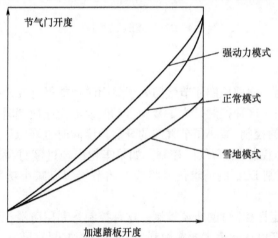

图12-7　不同模式下节气门开度和加速踏板开度之间的关系

(1)正常模式控制。这是一种基本的控制模式,节气门开度稍滞后于加速踏板的开度,用于容易保持平衡的操作和平稳驾驶。

(2)雪地模式控制。与正常模式控制相比,这种控制模式使节气门维持在一个较小的开启角度,以防止在较滑的路面上行驶时,车辆打滑,例如下雪天的路面上。

(3)强动力模式控制。在这种模式控制中,节气门的开启角度要比正常模式大得多。因此,这种模式可提供增强与加速踏板的直接反应性,提供比正常模式下更加强劲的动力。强动力模式控制只限于某些车型。

2 扭矩适应控制

这种控制能使节气门开启角度小于或者大于加速器踏板的踩压角度,从而实现平稳地加速。

如图12-8所示,当加速踏板保持在一定的踩压位置时,对于未配有扭矩适应控制系统的车辆,节气门的开启度变化和加速踏板的踩压度接近同步,在较短的期间内,车辆得到的纵向力 G 会迅速升高而后又逐渐下降。

与这种情况相比较,配有扭矩适应控制系统的车辆,节气门逐渐开启,以便于车辆的纵向力 G 的逐渐上升,从而得到平稳加速。

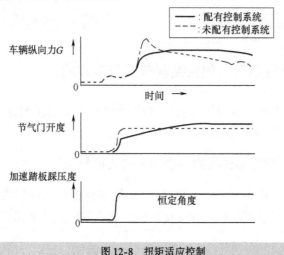

图12-8 扭矩适应控制

3 其他控制

(1)怠速控制控制。这种控制使节气门处于关闭时也能保持在理想的怠速。

(2)换挡减振控制。这种控制是为了减少自动变速器变速换挡时的振动,它借助于ECT(电子控制传动装置)的控制,减小了节气门的开启角度同时也降低了发动机的扭矩。

(3)TRAC(牵引力控制)的节气门控制。如果车轮出现过度打滑现象,作为TRAC系统的一部分,来自防滑控制ECU的请求信号将会关闭节气门以减小功率,来提高车辆平稳性和获得驱动力。

(4)VSC(车辆稳定性控制)的协调控制。这种控制是利用防滑控制ECU的综合控制来控制节气门的开启角度以达到最大效率地利用VSC系统控制效果。

(5)巡航控制。在常规的巡航控制中,巡航控制ECU是通过巡航控制执行器和拉索来实施节气门的开启和关闭,但是配有ETCS-i,或在发动机ECU里内含着巡航控制ECU,可通过节气门控制电动机来直接控制节气门的开启角度,执行巡航控制运作。

4 失效保护

如果发动机ECU检测到ETCS-i出现故障,它将点亮组合仪表中的故障指示灯以提醒

项目四 电控发动机进气控制系统的检修

驾驶人。加速踏板位置传感器包含有主系统和辅助系统两个系统的传感器电路。如果其中一个出现故障,发动机 ECU 能够检测到由于两个传感器电路之间的信号出现差别而产生的反常电压。发动机 ECU 就转换到跛行模式(故障慢行模式)。在跛行模式(故障慢行模式)控制中,使用剩余的一条线路来计算加速踏板的开启角度并且车辆是在节气门开启角度大于正常值的有限条件下行驶。此外,如果两个电路都出现故障,则发动机 ECU 将节气门置于怠速状态。这时,由复位弹簧开启到固定的节气门开度,并且喷射量和喷射时间是由加速踏板的信号来控制。虽然发动机的输出功率受到很大限制,但是车辆仍能行驶。

当发动机 ECU 检测到节气门控制电动机系统出现故障时,所采用的控制方法和节气门位置传感器出现故障时采用的控制方法相同。

二、实施作业

 如何根据维修手册检测 1ZR 发动机节气门位置传感器?

在开始作业前请确认已经做好作业前的准备工作。

1ZR 发动机节气门位置传感器内置于节气门体总成中,其控制线路如图 12-9 所示,6 号端子与 ECU 的 B31-115 端子连接,向 ECU 提供节气门开度的 VTA 信号(主信号),4 号端子与 ECU 的 B31-114 端子连接,向 ECU 提供节气门开度的 VTA2 信号(辅助信号),ECU 的 B31-67 号端子向传感器的 5 号端子提供 VC 电源(5V),传感器的 3 号端子通过 ECU 的 B31-91 号端子搭铁。

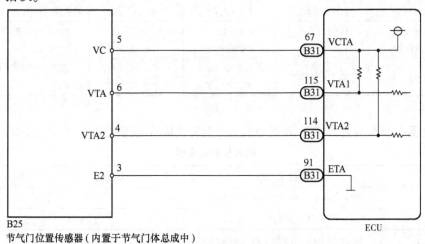

图 12-9 节气门位置传感器线路图

当1ZR发动机节气门位置传感器相关线路或元件出现故障时,ECU便存储故障代码为:P0120、P0122、P0123、P0220、P0222、P0223、P2135。

当ECU设置了这些DTC中的任一个,或者与节气门电控系统故障有关的其他DTC,ECU进入失效保护模式。在失效保护模式下,ECU切断通往节气门执行器的电流,并且节气门被复位弹簧拉回到6%的开度。然后,ECU根据加速踏板开度,通过控制燃油喷射(间歇性燃油切断)和点火正时以调整发动机输出,以确保车辆维持最低车速。如果加速踏板被轻轻踩下,汽车会缓慢行驶。失效保护模式一直运行,直到检测到通过条件并且发动机开关随之关闭。

(1)在不同加速踏板开度下读取相关数据流,并在表12-1中记录数据。

输出电压记录表   表12-1

状　态	输出电压	结果分析
VTA1(松开加速踏板)		
VTA2(松开加速踏板)		
VTA1(踩下加速踏板)		
VTA2(踩下加速踏板)		

标准的测试数据流如表12-2所示。

标准数据   表12-2

VTA1 松开加速踏板时	VTA2 松开加速踏板时	VTA1 踩下加速踏板时	VTA2 踩下加速踏板时	故障部位
0~0.2V	0~0.2V	0~0.2V	0~0.2V	VC电路断路
4.5~5.0V	4.5~5.0V	4.5~5.0V	4.5~5.0V	E2电路断路
0~0.2V 或 4.5~5.0V	2.4~3.4V (失效保护)	0~0.2V 或 4.5~5.0V	2.4~3.4V (失效保护)	VTA1电路断路或对搭铁短路
0.7~1.3V (失效保护)	0~0.2V 或 4.5~5.0V	0.7~1.3V (失效保护)	0~0.2V 或 4.5~5.0V	VTA2电路断路或对搭铁短路
0.5~1.1V	2.1~3.1V	3.3~4.9V (非失效保护)	4.6~5.0V (非失效保护)	节气门位置传感器电路正常

(2)如果数据流有异常情况,请检查相关线路和连接器,请根据表12-3中的步骤进行操作。

线路检查记录表   表12-3

步骤	线 路 测 量	测量结果	结果分析
一	B25-5(VC)至B31-67(VCTA)		
二	B25-6(VTA)至B31-115(VTA1)		
三	B216(VTA2)至B31-114(VTA2)		
四	B216-(E2)至B31-91(ETA)		

项目四 电控发动机进气控制系统的检修

续上表

步骤	线 路 测 量	测 量 结 果	结 果 分 析
五	B25-5(VC)或B31-67(VCTA)至车身搭铁		
六	B25-6(VTA)或B31-115(VTA1)至车身搭铁		
七	B216(VTA2)或B31-114(VTA2)至车身搭铁		

(3) 如果线路正常,请检查ECU(VC电压)。

VC与E2电压:_____。

标准电压应为4.5~5.5V。

(4) 如果VC与E2电压正常,则更换节气门体总成。否则应更换ECU。

三 评价与反馈

请完成评价反馈表(表12-4)。

评 价 反 馈 表　　　　　　　　　表12-4

请根据你自己在工作中和课堂上的表现,对自己进行客观的评价,看看你能获得几颗星?

评价项目	5颗星	3颗星	1颗星	评价结果
知识掌握情况	掌握相关理论知识,并能运用到实际操作中,学习任务完成良好	基本能够理解相关理论知识,能够完成相应工作	对相关理论知识不明白,不能或者难以完成相应的工作	
动手实践情况	积极参加,做好安全保护工作,注重工作质量	会动手实践,安全保护措施到位,工作质量较好	出现安全隐患,不知道如何动手实践	
小组合作情况	与小组成员配合工作很愉快	与小组其他同学配合工作交流较少	没有与其他同学进行交流	
6S执行情况	值日认真,服从指挥,工位、工装整洁,职业形象好	值日较认真,出现迟到或其他违纪情况	出现忘记值日,工位或工装不整洁的情况	
哪些方面需要改进				
教师点评				
学生姓名		小组长签名		
教师签名		日期		

四 学习拓展

1. 电子节气门有哪几种类型？

2. 电控单元是如何控制节气门工作的？

学习任务十三 温度传感器的检测

学习目标

◎ **知识目标**
(1) 能叙述温度传感器的结构类型和基本组成。
(2) 能叙述进气温度传感器、冷却液温度传感器的工作原理和控制方法。
(3) 能够看懂进气温度传感器、冷却液温度传感器相关电路图。

◎ **技能目标**
(1) 学会基本检测工具的使用方法，能够判断传感器的好坏。
(2) 能够使用工具正确检测不同类型的温度传感器。
(3) 能正确查阅维修手册，使用解码器读取相关故障码，并进行基本检查。
(4) 了解和读取相关元件的基本数据流，能读懂相关线路图。
(5) 能熟练分析、判断元件故障和线路短路、断路等故障。

◎ **素养目标**
(1) 能够制订工作计划，独立完成工作学习任务。
(2) 能够在工作过程中，与小组其他成员合作、交流并进行学习任务分工，具备团队合作和安全操作的意识。
(3) 养成服从管理，规范作业的良好工作习惯。
(4) 培养安全工作的习惯。

 建议完成本学习任务的时间为 4 课时。

 学习任务描述

　　一辆装备 5A-FE 电控发动机的威驰轿车，车主反映：发动机故障指示灯常亮，需要你对温度传感器进行检测，确定故障部位并排除故障。

项目四 电控发动机进气控制系统的检修

学习内容

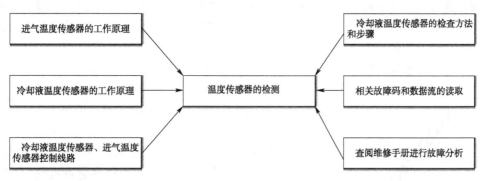

注意事项

(1)在工作过程中要注意人身安全,认真执行6S管理。
(2)在工作过程中请根据操作步骤,规范操作,防止损坏设备和器材。
(3)严格按照工作要求正确使用仪器设备,出现问题及时报告,服从管理。

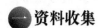
资料收集

引导问题1 温度传感器传感器有何作用?温度传感器有哪几种类型?

电控发动机控制系统主要利用温度传感器判别发动机的冷起动工况,用于燃油修正、点火提前角修正、反馈控制、废气再循环控制、怠速控制的依据。温度传感器的根据其结构的不同,主要类型热敏电阻式、晶体管式、热电耦式、金属片式等。其中应用最广泛的是热敏电阻式。温度传感器根据其在汽车上的用途来分主要有进气温度传感器(IAT)、冷却液温度传感器(俗称水温传感器、THW)、排气温度传感器、阳光传感器、室内温度传感器等。本学习任务主要学习进气温度传感器(IAT)、冷却液温度传感器(THW)。

引导问题2 进气温度传感器有何作用?它是如何工作的?

进气温度传感器主要用于检测进气道的空气温度。空气密度随空气温度的变化而变化。因此,发动机控制单元要根据不同温度下的进气量对喷油量进行校正;即根据进入汽缸中的空气温度来增加或减少喷油量,以优化发动机当前条件下所需的空燃比。进气温度由温度传感器探测。发动机 ECU 将空气温度设定为标准值20℃(68 ℉)。当空气温度高于或低于标准值时,就会确定一个校正量。进气温度低,密度增加,因而校正量也增加。进气温度高,密度降低,因而校正量也减少。在不同温度下,喷油校正量增加或减少接近 10%。

131

对热线式空气流量计而言,由于流量计会输出一个空气温度的校正信号。因此,进气温度就不需再校正。

在装有进气歧管绝对压力传感器的 D 型电控燃油喷射的发动机上,进气温度传感器安装在进气管上,而在装有空气流量计的 L 型电控燃油喷射的发动机上,进气温度传感器就是空气流量计的一部分。

进气温度传感器一般采用负温度系数(NTC)热敏电阻制成。其主要特点是电阻的阻值随温度的上升而变小,其变化曲线如图 13-1 所示。

进气温度传感器的控制原理如图 13-2 所示。

进气温度传感器安装在质量空气流量计上并监视进气温度。进气温度传感器中有一个内置式热敏电阻,其电阻随着进气温度的变化而变化。进气温度变低时,热敏电阻的电阻值增加。温度变高时,热敏电阻的电阻值减小。电阻值的这些变化被转化为电压信号传送给 ECU。ECU 的 5V 电源电压从端子 THA 经电阻器 R 施加到进气温度传感器上。电阻器 R 和进气温度传感器是串联的。进气温度传感器的电阻值变化时,端子 THA 上的电压也相应变化。当发动机冷机工作时,ECU 根据此信号增加燃油喷射量以提高操纵性能。

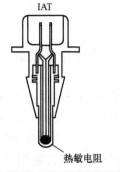

图 13-1 进气温度传感器阻值随温度变化曲线

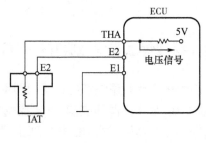

图 13-2 进气温度传感器电路原理图

引导问题3　与进气温度传感器相关的故障码和数据流有哪些?

当进气温度传感器和相关线路出现故障时间超过 0.5s 时,ECU 便记录与之相关的故障码(DTC)P0110、P0112 和 P0113,ECU 进入失效保护模式。在失效保护模式中,ECU 设定进气温度为 20°C(68°F)。失效保护模式一直延续至检测到通过条件。各故障码的具体信息见表 13-1。

可以利用检测仪检查相关数据流。如果数据流一直显示进气温度为 -40°C(-40°F),则表示进气温度传感器出现断路故障,如果数据流一直显示进气温度为 140°C(284°F)或更高,则表示进气温度传感器存在短路故障。

项目四　电控发动机进气控制系统的检修

与进气温度传感器相关的故障码　　　　　　　表 13-1

DTC 号	检测条件	故障部位
P0110	进气温度传感器电路断路或短路 0.5s	• 进气温度传感器电路断路或短路； • ECU； • 进气温度传感器
P0112	进气温度传感器电路短路 0.5s	• 进气温度传感器电路短路； • 进气温度传感器
P0113	进气温度传感器电路断路 0.5s	• 进气温度传感器电路断路； • 进气温度传感器； • ECU

引导问题 4　冷却液温度传感器传感器有何作用？它是如何工作的？

冷却液温度传感器即水温传感器，一般安装在发动机的出水口或水道上，主要用于检测发动机冷却液的温度，并转换成电压信号传给控制单元，控制单元根据冷却液温度信号进行喷油修正、点火提前角修正等控制。

冷却液温度传感器一般采用负温度系数（NTC）热敏电阻制成，其结构和工作原理与进气温度传感器基本相同。其阻值随冷却液温度变化的曲线如图 13-3 所示。

冷却液温度传感器其控制原理如图 13-4 所示。

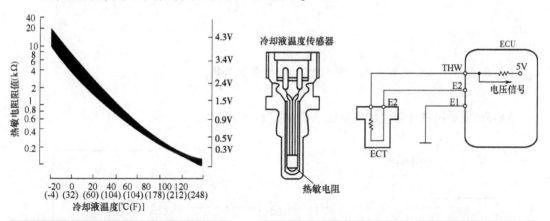

图 13-3　冷却液温度传感器阻值随温度变化曲线　　　　图 13-4　冷却液温度传感器电路原理图

引导问题 5　与冷却液温度传感器相关的故障码和数据流有哪些？

当冷却液温度传感器和相关线路出现故障时间超过 0.5s，ECU 便记录与之相关的故障码（DTC）P0115、P0117 和 P0118，ECU 进入失效保护模式。在失效保护模式中，ECU 设定冷却液温度为 80°C（176°F）。失效保护模式一直延续至检测到通过条件。各故障码的具体信息见表 13-2。

与进气温度传感器相关的故障码　　　　　　　表 13-2

DTC 号	检 测 条 件	故 障 部 位
P0115	冷却液温度传感器电路断路或短路 0.5s	• 进气温度传感器电路断路或短路； • ECU； • 冷却液温度传感器
P0117	冷却液温度传感器电路短路 0.5s	• 冷却液温度传感器电路短路； • 冷却液温度传感器
P0118	冷却液温度传感器电路断路 0.5s	• 冷却液温度传感器电路断路； • 冷却液温度传感器； • ECU

可以利用检测仪检查相关数据流。如果数据流一直显示冷却液温度为 -40℃（-40℉），则表示冷却液温度传感器出现断路故障，如果数据流一直显示冷却液温度为 140℃（284℉）或更高，则表示冷却液温度传感器存在短路故障。

● 实施作业

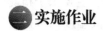　如何根据维修手册检测进气温度传感器？

在开始作业前请确认已经做好作业前的准备工作。

5A-FE 发动机进气温度传感器线路图如图 13-5 所示。

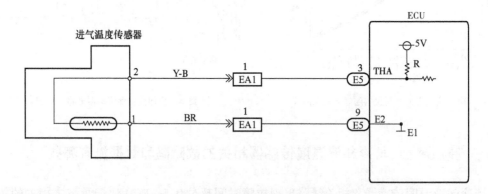

图 13-5　进气温度传感器控制线路图

进气温度传感器的 1、2 号端子分别与 ECU 的 9、3 号端子连接。ECU 通过 3 号端子向进气温度传感器提供 5V 的电压。

1 检查 ECU 供电电压

断开进气温度传感器连接器,打开点火开关,测量 2 号端子与搭铁之间的电压。并记录测量结果。

2 号端子与搭铁之间的电压:_____。

> 温度传感器的标准电压值如下:
> 当进气温度为 20°C 时,电压值为 0.5 ~ 3.4V;当进气温度为 60°C 时,电压值为 0.2 ~ 1.0V。

2 测量进气温度传感器电阻

如图 13-6 所示,拆下进气温度传感器,放入水杯中,测量其电阻随温度的变化情况。

在正常情况下,当温度为 20°C 时,阻值为 2 ~ 3Ω,60°C 时的阻值为 0.4 ~ 0.7Ω。如果记录测量结果不符合要求,应更换传感器。当安装在空气流量计内的进气温度传感器损坏时,应更换空气流量计。

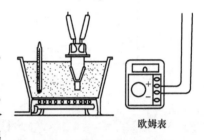

图 13-6 测量进气温度传感器电阻

请在表 13-3 中记录检测结果,并对测量结果进行分析。

电阻测量结果　　　　　　　　　　　　　表 13-3

温度(°C)	15	20	40	60	80	100
电阻						
结果分析						

3 检查线束和连接器

断开进气温度传感器连接器,测量各连接线之间的情况,并在表 13-4 中记录结果。

线路检查结果　　　　　　　　　　　　　表 13-4

连接端子	检查结果	检查结果分析
传感器-2 与 E5-3		
传感器-1 与 E5-9		
传感器-2 与车身搭铁		
传感器-1 与车身搭铁		
传感器-2 与传感器-1		

引导问题 7 如何根据维修手册检测冷却液温度传感器?

> **注意**
>
> 在开始作业前请确认已经做好作业前的准备工作。

5A-FE 发动机冷却液温度传感器线路图如图 13-7 所示。

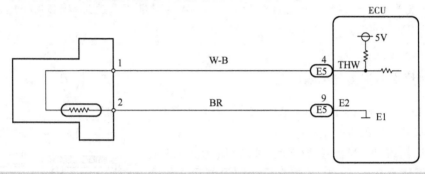

图 13-7 冷却液温度传感器控制线路图

冷却液温度传感器的 1、2 号端子分别与 ECU 的 4、9 号端子连接。ECU 通过 4 号端子向进气温度传感器提供 5V 的电压。

1 检查 ECU 供电电压

断开冷却液温度传感器连接器,打开点火开关,测量 1 号端子与搭铁之间的电压,并在表 13-5 中记录测量结果。

电压测量结果记录表　　　　　　　　　　　　表 13-5

冷却液温度	测量到的电压(V)
冷机时(　　　)°C(°F)	
20°C(68°F)	
40°C(104°F)	
60°C(140°F)	
80°C(176°F)	

> **小提示**
>
> 冷却液标准电压值如下:
> 当冷却液温度为 20°C 时,电压值为 0.5~3.4V;当冷却液温度为 60°C 时,电压值为 0.2~1.0V。

2 测量冷却液温度传感器电阻

检查时,拆下冷却液温度传感器,将其置于盛水的烧杯中加热,用万用表电阻挡在连接线处测量不同水温时的电阻,如图13-8所示,其电阻值随温度变化的规律,应符合特性曲线相应温度下的电阻值(车行不通时,测试结果会有一些差别)。

在表13-6中记录检测结果,并对测量结果进行分析。

3 检查线束和连接器

断开进气温度传感器连接器,测量各连接线之间的情况,并在表13-7中记录结果。

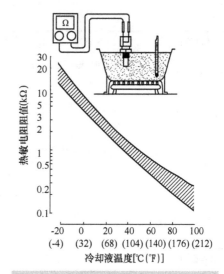

图13-8 冷却液温度传感器阻值与温度的关系

电阻测量记录表　　　　　　　　　　　表13-6

温度(℃)	15	20	40	60	80	100
电阻						
结果分析						

线路检查测量结果　　　　　　　　　　　表13-7

连接端子	检查结果	检查结果分析
传感器-2 与 E5-9		
传感器-1 与 E5-4		
传感器-2 与车身搭铁		
传感器-1 与车身搭铁		
传感器-2 与传感器-1		

三 评价与反馈

请完成评价反馈表(表13-8)。

评价反馈表　　　　　　　　　　　表13-8

请根据你自己在工作中和课堂上的表现,对自己进行客观的评价,看看你能获得几颗星?

评价项目	5颗星	3颗星	1颗星	评价结果
知识掌握情况	掌握相关理论知识,并能运用到实际操作中,学习任务完成良好	基本能够理解相关理论知识,能够完成相应工作	对相关理论知识不明白,不能或者难以完成相应的工作	

续上表

评价项目	5颗星	3颗星	1颗星	评价结果
动手实践情况	积极参加,做好安全保护工作,注重工作质量	会动手实践,安全保护措施到位,工作质量较好	出现安全隐患,不知道如何动手实践	
小组合作情况	与小组成员配合工作很愉快	与小组其他同学配合工作交流较少	没有与其他同学进行交流	
6S执行情况	值日认真,服从指挥,工位、工装整洁,职业形象好	值日较认真,出现迟到或其他违纪情况	出现忘记值日,工位或工装不整洁的情况	
哪些方面需要改进				
教师点评				
学生姓名		小组长签名		
教师签名		日期		

四 学习拓展

1. 温度传感器有哪几种类型？各有何作用？

2. 用检测仪读取在不同温度下喷油时间的变化并记录在表13-9中。分析喷油时间与冷却液温度之间的关系。

温度变化表　　　　　　　　　　　　　　表13-9

条　件	冷却液温度(℃)	燃油喷射时间(ms)
发动机无负荷转速 1000r/min	冷机时	
	20	
	40	
	60	
	80	

项目五 电控发动机点火控制系统的检修

项目描述

本项目通过对丰田 5A-FE 发动机、1ZR 发动机和大众 AJR 发动点火系统的介绍,认识不同点火系统的组成,学会微机控制点火系统的基本检查方法,了解曲轴位置传感器、凸轮轴位置传感器、点火线圈、爆震传感器等的结构、工作原理以及检测方法。通过完成四个学习任务,掌握不同点火系统的组成、结构和工作原理,同时掌握点火系统检修的基本方法和规范操作,并达到熟练检修点火控制系统的目的。

学习任务十四　微机控制点火系统的基本检查

学习目标

◎ **知识目标**
(1)能够叙述汽车点火系统的功用、组成和类型。
(2)能够叙述有分电器和无分电器微机控制点火系统的组成和工作原理。

◎ **技能目标**
(1)能够熟练使用工具,正确检查火花塞。
(2)能够熟练使用正时灯,正确检查发动机点火正时。
(3)能够熟练使用工具,正确拆装和检查丰田 5A-FE 发动机分电器总成。

◎ **素养目标**
(1)能够制订详细的工作计划,并独立完成工作任务。
(2)能够在整个工作过程中,与小组其他成员合作、交流并进行任务分工。
(3)养成服从管理,规范作业的良好工作习惯。
(4)培养团队合作意识和安全工作的习惯。

建议完成本学习任务的时间为 **4** 课时。

 学习任务描述

一台装备5A-FE发动机的威驰轿车,车主反映:怠速时发动机有明显抖动现象。需要你对点火系统进行检查,确认故障部位并排除故障。

 学习内容

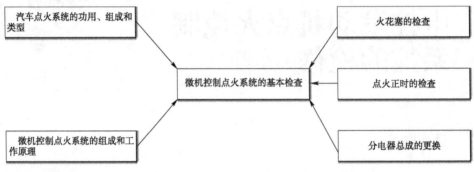

 注意事项

(1)在工作过程中要注意人身安全,认真执行6S管理。
(2)在工作过程中请根据操作步骤,规范操作,防止损坏设备和器材。
(3)严格按照工作要求正确使用仪器设备,出现问题及时报告,服从管理。

资料收集

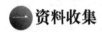 汽车的点火系统有何功用?点火控制系统有哪几种类型?

汽车点火系统的功用是在发动机各种工况和使用条件下,在汽缸内适时、准确、可靠地产生电火花点燃可燃混合气,使发动机做功。汽车点火系统按照组成和产生高压电的方式不同,可以分为传统点火系统、电子点火系统和电子控制单元(俗称"微机"或"电脑")控制点火系统。

1 传统点火系统

传统点火系统是以蓄电池和发电机为电源,借助点火线圈和断电器的作用,将电源提供的低压直流电转变为高压电,再通过分电器将高压电分配到各缸火花塞,使火花塞两电极之间产生电火花,点燃可燃混合气。如图14-1所示,其基本组成包括:蓄电池、点火开关、点火线圈、分电器(包括配电器和断电器)、高压线和火花塞等。

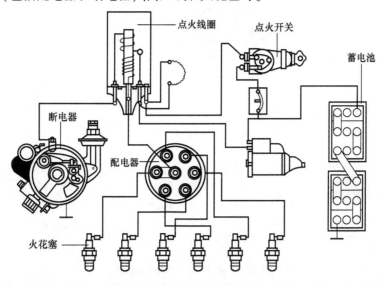

图 14-1 传统点火系统的组成

2 电子点火系统

电子点火系统是借助点火线圈和由半导体元件(晶体三极管)组成的点火控制器将电源提供的低压电转变为高压电,再通过分电器分配到各缸火花塞,使火花塞两电极之间产生电火花,点燃可燃混合气。如图 14-2 所示,其基本组成包括:蓄电池、点火开关、点火线圈、带信号发生器的分电器、点火控制器、高压线、火花塞等。

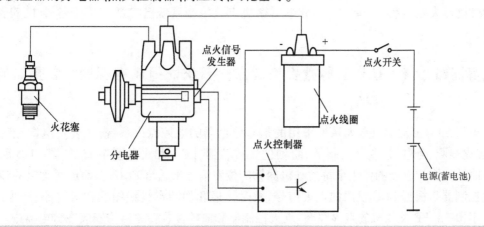

图 14-2 电子点火系统的组成

3 微机控制点火系统

微机控制点火系统主要由蓄电池、点火开关、传感器和各种控制开关、电子控制单元、点火控制器、点火线圈和火花塞等组成,如图 14-3 所示。微机控制电子点火系统又分为无分电器点火(DLI)系统和直接点火(DIS)系统。

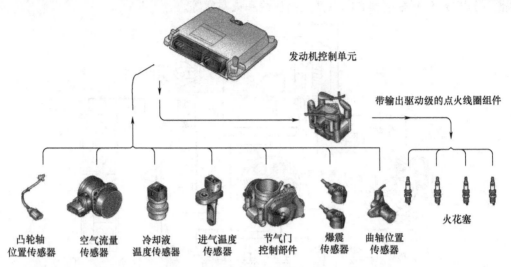

图 14-3 微机控制点火系统的组成

传感器主要检测与点火相关的发动机工况信息,并将检测的信号输送给电子控制单元,作为计算和控制点火时刻的依据,而各种开关信号主要用于点火提前角的修正控制。传感器和各种控制开关主要包括:空气流量传感器、曲轴位置传感器、凸轮轴位置传感器、节气门位置传感器、冷却液温度传感器、爆震传感器、空调开关和空挡起动开关等。

电子控制单元根据各种传感器所提供的发动机工况信息,向点火控制器发出点火控制信号。此时,点火控制器控制点火线圈初级线圈切断,使得次级线圈产生高压电,以控制点火时刻,点燃可燃混合气。目前,电子点火控制系统分为无分电器微机点火控制系统和有分电器微机点火控制系统。其中,无分电器微机点火控制系统已广泛应用于各种中、高级轿车中。

引导问题2 有分电器微机控制点火系统的组成有哪些?它是如何工作的?

丰田 5A-FE 发动机点火系统采用的是有分电器的电控点火系统,主要由电源、点火开关、点火线圈、分电器、点火控制器、曲轴位置传感器、ECU 和火花塞组成,如图 14-4 所示。其中曲轴位置传感器的作用是将发动机曲轴的位置信号出送给 ECU,以确定发动机的转速。点火控制器是根据 ECU 发出的点火信号,及时接通和切断点火线圈的初级电路,产生高压电。丰田 5A-FE 发动机的点火线圈、点火控制器和曲轴位置传感器均安装在分电器中。

丰田 5A-FE 发动机点火系统控制原理如图 14-5 所示。ECU 根据各种传感器和开关信号,确定最佳点火正时。ECU 向点火控制器发出点火正时信号 IGT,此时 Tr_1 导通。点火控制器根据接收到的点火正时信号 IGT 控制点火线圈初级线圈搭铁通断的时刻。当点火线圈初级线圈电路切断时,即 Tr_2 截止,并在次级线圈中产生次级点火高压,使火花塞跳火。由于切断初级电流时产生反电动势,点火控制器将向 ECU 输出点火确认信号 IGF,即点火反馈信号。如果 ECU 没有接收到点火确认信号 IGF,ECU 将切断燃油喷射,使得发动机无法运转。

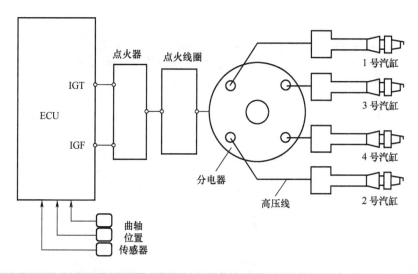

图 14-4　有分电器微机控制点火系统的组成

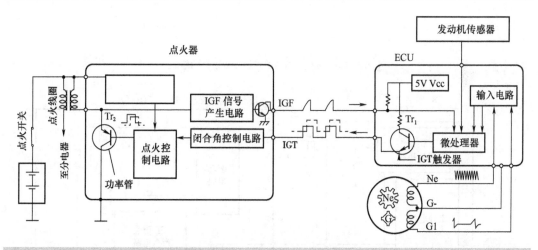

图 14-5　丰田 5A-FE 发动机点火系统控制原理图

引导问题3　无分电器微机控制点火系统的组成有哪些？是如何工作的？

丰田 1ZR 发动机采用的是无分电器的电控点火系统，主要由电源、点火开关、传感器和各种控制开关、电子控制单元、点火控制器、点火线圈以及火花塞等组成，如图 14-6 所示。

无分电器电控点火系统控制原理图，如图 14-7 所示。当发动机工作时，ECU 根据曲轴位置传感器、凸轮轴位置传感器、空气流量传感器、节气门位置传感器、冷却液温度传感器等传感器和开关信号，计算出最佳点火提前角和通电时间，并向点火控制器发出点火信号 IGT。点火控制器根据点火信号控制点火线圈初级电路的导通和截止。当电路导通时，有电流从点火线圈中的初级电路通过，点火线圈将点火能量以磁场的形式储存起来。当初级电路被切断时，次级线圈中产生很高的感应电动势（15～20kV），并直接将此高压电送至各个汽缸的火花塞。

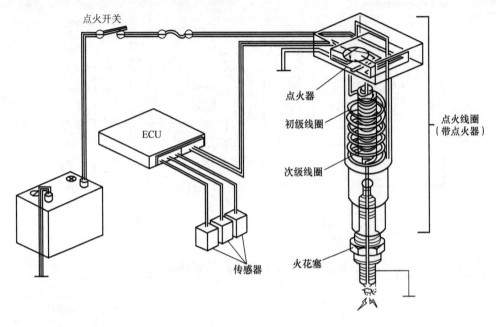

图 14-6　无分电器微机控制点火系统的组成

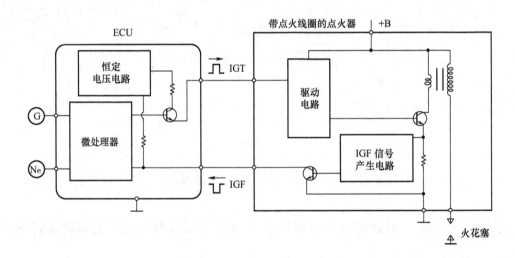

图 14-7　无分电器微机控制点火系统控制原理图

在微机控制点火系统中,用凸轮轴位置传感器或曲轴位置传感器产生的 G 信号和 Ne 信号作为主控制信号,如图 14-8 所示,以 G 信号为基准,按 1°曲轴转角分频,用既定的曲轴角度产生点火控制信号(IGT 信号)。

(1) G 信号:也称为判缸信号,指第一缸活塞运行到上止点位置的判别信号,它是根据凸轮轴位置传感器或曲轴位置传感器产生的信号经过放大和模数(A/D)转换而获得的脉冲信号。

(2) Ne 信号:指发动机的曲轴转角信号,它是根据曲轴位置传感器产生的信号经过整形

项目五　电控发动机点火控制系统的检修

和转换而获得的脉冲信号。发动机工作时,ECU 根据 Ne 信号可准确地计算出曲轴每转 1°所用的时间,并根据其他传感器输入信号,ECU 按其内存的控制模型确定点火提前角和点火线圈的通电时间。

（3）IGT 信号：点火控制信号,是 ECU 向点火器中功率晶体管发出的控制信号。

（4）IGF 信号：点火反馈信号,是点火后,点火器向 ECU 输送的点火确认信号。

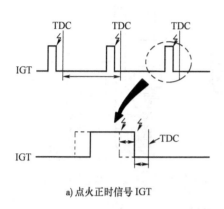
a) 点火正时信号 IGT

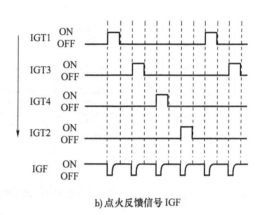
b) 点火反馈信号 IGF

图 14-8　IGT 信号和 IGF 信号

二　实施作业

引导问题 4　如何检查火花塞？

在开始作业前请确认已经做好作业前的准备工作。

火花塞是将点火线圈次级绕组产生的高压电通过中心电极和搭铁电极之间产生火花,点燃汽缸中的可燃混合气。常见的火花塞有普通火花塞、白金火花塞和铱金火花塞三种,如图 14-9 所示。

1　火花塞的清洁和间隙检查

火花塞具有自洁作用,当火花塞达到一定的温度后,它能燃烧掉聚集在点火区域内的积炭,这样就能够保证点火区域的清洁,此时的温度叫作火花塞自洁温度。如果温度尚未达到自洁温度,积炭就会聚集在点火区域,造成火花塞缺火。当火花塞存在裂纹、电极污染、间隙磨损或过大时,就不会产生火花。当间隙过小时,可能发生熄弧效应,即使产生火花也不能引燃混合气。图 14-10 所示为火花塞的不同状态。

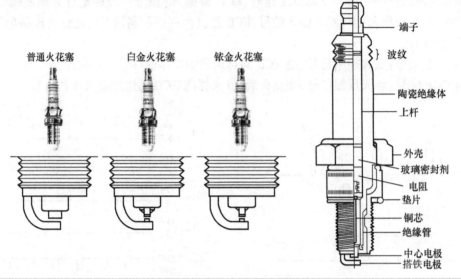

图 14-9　火花塞的分类和结构

图 14-10　火花塞的不同状态

（1）断开所有喷油器连接器，把高压线从火花塞上取下，拆下所有火花塞。

（2）如图 14-11 所示，检查火花塞螺纹和绝缘体是否损坏，并将检测结果记录在表 14-1 中。如果有损坏，则需更换火花塞。

（3）如图 14-11 所示，检查火花塞上是否存在积炭，并将检测结果记录在表 14-1 中。如果有积炭，则需立即清洁火花塞。

（4）如图 14-12 所示，使用塞尺检查火花塞间隙，并将测量结果记录在表 14-1 中。

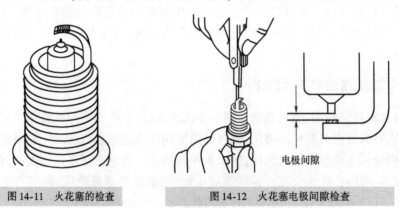

图 14-11　火花塞的检查　　　图 14-12　火花塞电极间隙检查

火花塞检查记录表　　　　　　　　　　　　　　　　　表 14-1

检查项目	检查结果	检查结果分析
火花塞螺纹和绝缘体		
火花塞积炭		
火花塞间隙		

标准间隙为 1.0~1.1mm，如有不符则需更换。

2 火花塞的火花检查

(1)断开喷油器连接器,把高压线从火花塞上取下,拆下火花塞。

(2)如图 14-13 所示,把火花塞安装到高压线上,把火花塞通过发动机缸体接地。起动发动机,检查并记录火花产生情况。

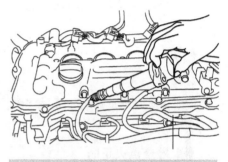

图 14-13 火花塞火花检查

火花塞必须与汽缸体可靠接触,为防止测试中汽油从喷油器喷出,每次起动发动机不得超过 2s。

第一缸火花塞火花：_____，第二缸火花塞火花：_____；
第三缸火花塞火花：_____，第四缸火花塞火花：_____。

引导问题 5　如何检查丰田 5A-FE 发动机的点火正时？

点火正时(点火提前角)是从火花塞发出电火花,到活塞运行到压缩上止点时曲轴所转过的角度。因此,点火提前角就是第一缸活塞开始点火的信号和第一缸处于压缩上止点的信号间的夹角,一般使用正时灯检查。

1 设置初始正时

使发动机暖机,如图 14-14 所示,将 DLC1 上的接线端 TE1 和 E1 相连。

2 连接正时灯

如图 14-15 所示,把正时灯的电源线连接在蓄电池上,并将感应探头连接在第一缸高压线上。

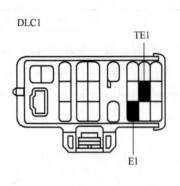

图 14-14 设置初始正时

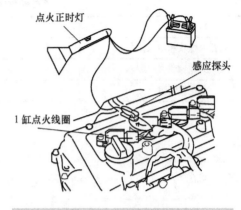

图 14-15 正时灯的连接

正时灯感应探头的连接方向。

3 检查点火正时

(1) 起动发动机,使用正时灯对准曲轴正时皮带轮和缸体上正时记号点,检查点火正时。并将检查结果记录在表 14-2 中。

点火正时检查记录表　　　　　　　　　　表 14-2

检查项目	检查结果(BTDC)	检查结果分析
初始点火正时		
急速转速点火正时		
2000r/min 转速点火正时		
3000r/min 转速点火正时		

标准的初始化点火正时是 8~12°BTDC。

(2) 保持发动机 1000~1300r/min 的转速 5s 以后,保持急速状态,取下 DLC1 上的连接线。

(3) 在急速状态下,检查点火正时,并将检查结果记录在表 14-2 中。

(4) 将发动机转速升高至 2000r/min、3000r/min 时,检查点火正时,并将检查结果记录在表 14-2 中。说明当发动机转速升高时,点火提前角应该_____(增大/减小)。

> **小提示**
> 在急速状态下,点火正时的正常范围是 10~20°BTDC。

引导问题6 如何更换丰田 5A-FE 发动机的分电器总成?

1 设置1缸压缩上止点

如图 14-16 所示,顺时针转动曲轴,将曲轴皮带轮的槽口与缸体上的正时记号对准,同时调整进气凸轮轴缺口的位置,如图 14-16 所示。

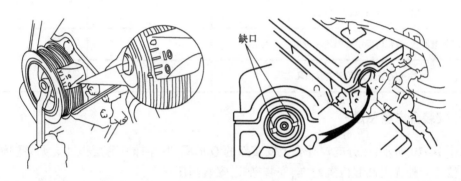

图 14-16 设置1缸压缩上止点

2 拆卸分电器总成

(1)如图 14-17 所示,用手向下压分电器上的高压线连接端子,用手指或旋具向外推开连接端子的锁扣,拆卸 4 根高压线。
(2)如图 14-18 所示,拆下固定螺栓,拉出分电器总成。

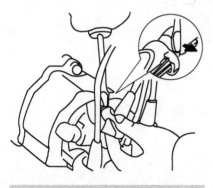

图 14-17 拆除高压线

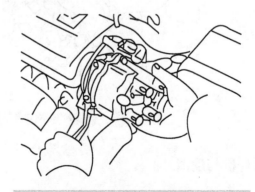

图 14-18 拆下固定螺栓

> 观察分电器轴上的定位标记,观察凸轮轴的缺口记号,并做好标记。

3 检查分电器总成

检查分电器总成,并将检查结果记录在表 14-3 中。

分电器总成检查表　　　　　　　　　　表 14-3

检查项目	检查结果	检查结果分析
检查分电器盖是否有裂纹或损坏		
检查分电器轴是否磨损、变形		
拆卸分电器盖,检查内部中央电极和分电极是否磨损		
检查转子是否有裂纹或损坏		

4 安装分电器总成

如图 14-19 所示,在分电器外壳上安装新的 O 形圈,并涂抹一薄层机油。调整联轴节上的缺口位置与外壳上凸起位置对准,安装螺栓,安装高压线。

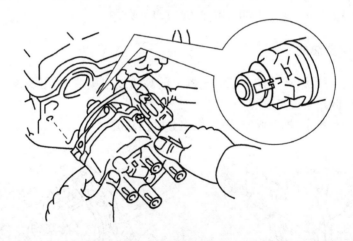

图 14-19　分电器轴上的安装记号

三 评价与反馈

请完成评价反馈表(表 14-4)。

评 价 反 馈 表　　　　　　　　表14-4

请根据你自己在工作中和课堂上的表现,对自己进行客观的评价,看看你能获得几颗星?

评价项目	5颗星	3颗星	1颗星	评价结果
知识掌握情况	掌握相关理论知识,并能运用到实际操作中,学习任务完成良好	基本能够理解相关理论知识,能够完成相应工作	对相关理论知识不明白,不能或者难以完成相应的工作	
动手实践情况	积极参加,做好安全保护工作,注重工作质量	会动手实践,安全保护措施到位,工作质量较好	出现安全隐患,不知道如何动手实践	
小组合作情况	与小组成员配合工作很愉快	与小组其他同学配合工作交流较少	没有与其他同学进行交流	
6S执行情况	值日认真,服从指挥,工位、工装整洁,职业形象好	值日较认真,出现迟到或其他违纪情况	出现忘记值日,工位或工装不整洁的情况	
哪些方面需要改进				
教师点评				
学生姓名		小组长签名		
教师签名		日期		

四 学习拓展

1.请在卡罗拉轿车上找出点火系统的组成元件,并写出其结构特点。

2.请查阅资料,说明图14-20所示火花塞上的数字所代表的含义是什么?

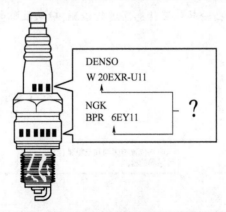

图14-20　火花塞数字含义

学习任务十五　曲轴位置传感器和凸轮轴位置传感器的检测

学习目标

◎ **知识目标**
(1) 能够叙述曲轴和凸轮轴位置传感器的功用和类型。
(2) 能够叙述磁感应式和霍尔式传感器的工作原理。
(3) 能够看懂曲轴和凸轮轴位置传感器的控制电路图。

◎ **技能目标**
(1) 能够熟练使用各种测量工具，正确检测1ZR发动机曲轴和凸轮轴位置传感器。
(2) 能够熟练使用各种测量工具，正确检测5A-FE发动机转速传感器。
(3) 能够正确使用维修资料、正确读取故障码和数据流，并学会使用示波器检测传感器的波形。

◎ **素养目标**
(1) 能够制订详细的工作计划，并独立完成工作任务。
(2) 能够在整个工作过程中，与小组其他成员合作、交流并进行任务分工。
(3) 养成服从管理，规范作业的良好工作习惯。
(4) 培养团队合作意识和安全工作的习惯。

 建议完成本学习任务的时间为 8 课时。

 学习任务描述

　　一辆卡罗拉1.6L轿车，车主反映：不能起动，故障指示灯点亮，同时转速表显示转速为0。需要你对曲轴位置传感器和凸轮轴位置传感器进行检测，确认故障部位并进行维修。

 学习内容

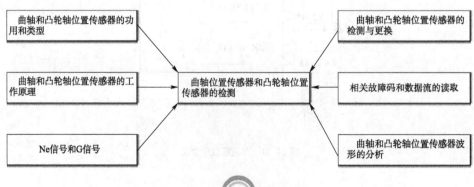

项目五　电控发动机点火控制系统的检修

注意事项

(1) 在工作过程中要注意人身安全,认真执行 6S 管理。
(2) 在工作过程中请根据操作步骤,规范操作,防止损坏设备和器材。
(3) 严格按照工作要求正确使用仪器设备,出现问题及时报告,服从管理。

一　资料收集

引导问题 1　曲轴位置传感器和凸轮轴位置传感器有何作用?有哪几种类型的传感器?

曲轴位置传感器的作用是将曲轴转动角度和发动机转速信号（Ne 信号）输入给电子控制单元 ECU,以确定点火时刻和喷油时刻。该传感器又称为发动机转速与曲轴转角传感器。当发动机 ECU 没有接收 Ne 信号,则 ECU 判定发动机处于停机状态,因此造成发动机停机。

凸轮轴位置传感器的功用是将凸轮轴的位置信号（G 信号）输入 ECU,以判断发动机的第一缸是否处于压缩上止点,从而进行顺序喷油控制、点火时刻控制和爆震控制。该传感器又称为判缸传感器。

常见的曲轴和凸轮轴位置传感器可以分为:磁感应式、霍尔式和光电式三种类型。如图 15-1 所示为磁感应式曲轴位置传感器和凸轮轴位置传感器的安装位置。

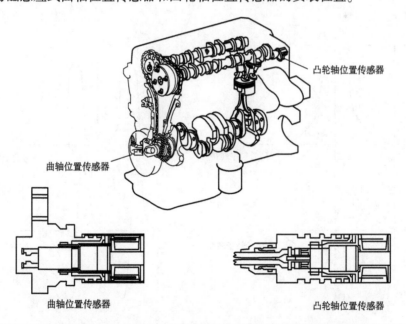

图 15-1　磁感应式曲轴位置传感器、凸轮轴位置传感器的安装位置

引导问题2　磁感应式传感器的结构和工作原理是怎样的？

1 磁感应式传感器的结构和工作原理

磁感应式传感器主要由信号转子、感应线圈、铁芯和永久磁铁等组成，如图15-2所示。

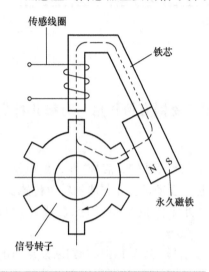

图15-2　磁感应式传感器的组成

永久磁铁的磁力线从永久磁铁的N极出发，经过气隙穿过信号转子的凸齿，再经过气隙、感应线圈的铁芯回到永久磁铁的S极，形成闭合磁路。当发动机不工作时，信号转子不动，通过感应线圈的磁通量不变，不会产生感应电动势，感应线圈两引线输出的电压信号为零。当信号转子旋转时，磁路中的气隙就会周期性地发生变化，磁路的磁阻和穿过信号线圈磁头的磁通量随之发生周期性变化。

当信号转子每转过一个凸齿，感应线圈中就会产生一个周期性交变电动势，即电动势出现一次最大值和一次最小值，感应线圈也就相应的输出一个交变电压信号。磁感应式传感器的突出优点是不需要外加电源，永久磁铁起着将机械能变换为电能的作用，其磁能不会损失。当发动机转速变化时，转子凸齿转动的速度将发生变化，铁芯中的磁通变化率也将随之发生变化。转速越高，磁通变化率就越大，感应线圈中的感应电动势也就越高。转速不同时，磁通和感应电动势的变化情况，如图15-3所示。

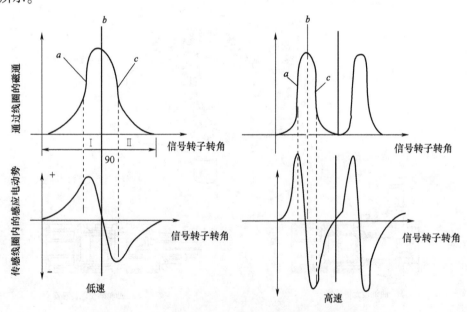

图15-3　传感器线圈内磁通及磁感应电动势的变化情况

2 磁感应式曲轴位置传感器

丰田卡罗拉轿车装备磁感应式曲轴位置传感器,安装在靠近曲轴前端轴的缸体上,曲轴位置信号盘安装在曲轴前端轴上如图15-4所示。信号盘的圆周上均匀间隔有34个凸齿,33个小齿缺和一个大齿缺。大齿缺为输出的基准信号,对应发动机1缸或4缸压缩上止点。大齿缺所占的弧度相当于两个凸齿和三个小齿缺所占的弧度。信号盘随曲轴一同旋转,曲轴旋转一圈(360°),信号盘也旋转360°,所以信号盘圆周上的凸齿和齿缺所占的曲轴转角为360°,每个凸齿和小齿缺所占的曲轴转角均为10°,大齿缺所占的曲轴转角为30°。

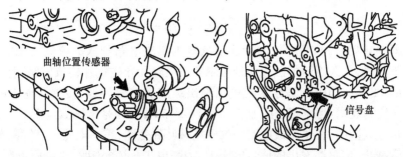

图15-4　卡罗拉轿车曲轴位置传感器

如图15-5所示,每当信号盘随发动机曲轴转动一圈,传感线圈就会向控制单元ECU输入34个脉冲信号。因此,ECU每接收到曲轴位置传感器34个信号,就可以知道发动机曲轴旋转了一圈。ECU根据每分钟接收曲轴位置传感器脉冲信号的数量,计算出发动机曲轴旋转的转速,再根据发动机转速信号和负荷信号计算出基本喷油时间、基本点火时间等控制参数。

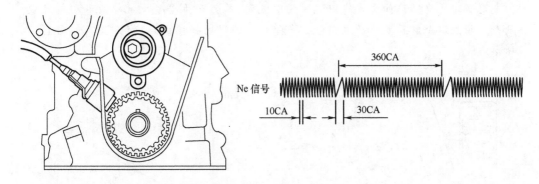

图15-5　磁感应式曲轴位置传感器的输出信号

引导问题3　霍尔传感器的结构和工作原理是怎样的?

霍尔式传感器主要由触发叶轮、霍尔集成电路、导磁钢片(磁轭)与永久磁铁等组成,如图15-6所示。触发叶轮安装在转子轴上,叶轮上制有叶片。当触发叶轮随转子轴一同转动时,叶片便在霍尔集成电路与永久磁铁之间转动。霍尔集成电路由霍尔元件、放大电路、稳压电路、温度补偿电路、信号变换电路和输出电路等组成。

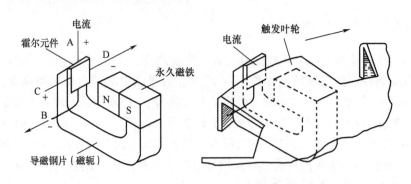

图 15-6 霍尔传感器的组成

当传感器轴转动时,触发叶轮的叶片便从霍尔集成电路与永久磁铁之间的气隙转过。当叶片离开气隙时,永久磁铁的磁通便经霍尔集成电路和导磁钢片构成回路,此时霍尔元件产生电压($U_H = 1.9 \sim 2.0V$),霍尔集成电路输出级的晶体管导通,传感器输出的信号电压 U_0 为低电平(实测表明:当电源电压 $U_{CC} = 14.4V$ 或 5V 时,信号电压 $U_0 = 0.1 \sim 0.3\,V$)。

当叶片进入气隙时,霍尔集成电路中的磁场被叶片旁路,霍尔电压 U_H 为零,集成电路输出级的晶体管截止,传感器输出的信号电压 U_0 为高电平(实测表明:当电源电压 $U_{CC} = 14.4\,V$ 时,信号电压 $U_0 = 9.8V$;当电源电压 $U_{CC} = 5V$ 时,信号电压 $U_0 = 4.8V$)。

小词典

霍尔效应是美国约翰·霍普金斯大学物理学家霍尔博士于 1879 年首先发现的。他发现当磁场垂直施加于导线中流通的电流时,就会产生垂直于此电流和磁场的电压差。而且这个电压差所产生的电压将和施加的磁场强度成正比例变化,如图 15-7 所示。

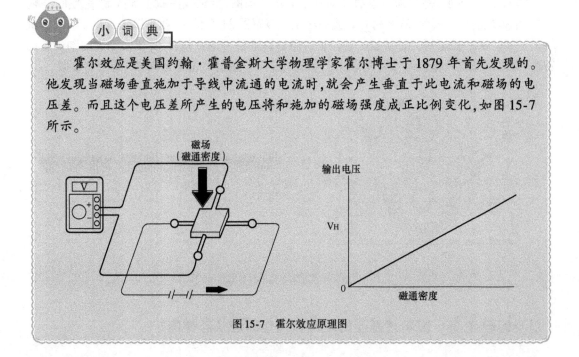

图 15-7 霍尔效应原理图

引导问题 4 卡罗拉轿车的凸轮轴位置传感器的结构和工作原理是怎样的?

丰田卡罗拉轿车的凸轮轴位置传感器采用可变磁阻式传感器,主要由永久磁铁和磁阻元件（MRE 元件）组成，如图 15-8 所示。该车装备有进、排气双凸轮轴位置传感器，安装在汽缸盖罩上，信号盘在凸轮轴末端，与凸轮轴铸成一体，其外圆周上有不均匀的 3 个凸齿，如图 15-9 所示。

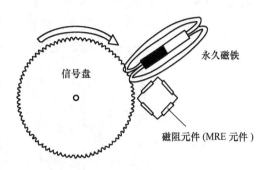

图 15-8　可变磁阻式传感器组成

当凸轮轴转动时，信号盘的 3 个凸齿与可变电阻线圈之间的气隙就会发生变化，从而影响磁场变化。此时，磁阻元件中的 MRE 材料的电阻就会发生变化，产生脉冲信号输送给 ECU，进而确定凸轮轴的角度变化。如图 15-10 所示，当凸轮轴转动一周（360°）时，进、排气凸轮轴位置传感器便向 ECU 输出 3 个脉冲信号来确定凸轮轴的角度，并与曲轴位置传感器的 Ne 信号合并，判定 1 号汽缸的压缩上止点位置。

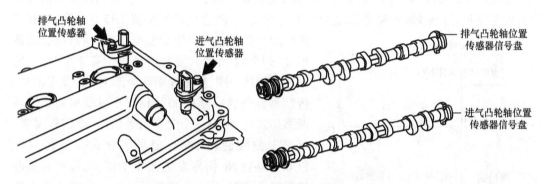

图 15-9　凸轮轴位置传感器安装位置和信号盘

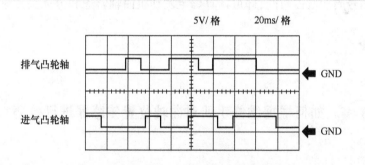

图 15-10　进、排气凸轮轴位置传感器信号波形

引导问题 5　丰田 5A-FE 发动机转速传感器的结构是怎样的？

丰田 5A-FE 发动机采用的磁感应式转速传感器（称为 Ne 信号）由分电器改进而成，主要由 Ne 信号正时转子、Ne 感应线圈和磁铁组成，如图 15-11 所示。信号转子固定在传感器轴上，传感器轴由配气凸轮轴驱动，轴的上端套装分火头，信号转子制有 4 个凸齿。传感线圈及磁铁固定在传感器壳体内。

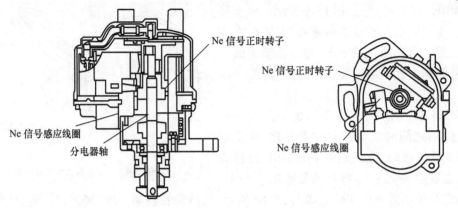

图15-11　5A-FE发动机磁感应式转速传感器结构

当发动机曲轴旋转时,配气凸轮轴驱动传感器信号转子旋转,转子凸齿与磁铁间的气隙交替发生变化,传感线圈的磁通随之交替发生变化,由磁感应式传感器工作原理可知,在传感线圈中就会感应产生交变电动势,信号电压的波形如图15-12所示。因为信号转子有4个凸齿,所以转子旋转一圈,传感线圈就会产生4个交变信号。传感器轴每转一圈(360°)相当于发动机曲轴旋转两圈(720°),所以一个交变信号(即一个信号周期)相当于曲轴旋转180°,相当于分火头旋转90°。ECU每接收Ne信号发生器4个信号,即可知道曲轴旋转了两圈、分火头旋转了一圈。ECU内部程序根据每个Ne信号周期所占时间,即可计算确定发动机曲轴转速和分火头转速。

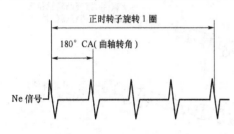

图15-12　转速传感器Ne信号波形

二　实施作业

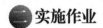

引导问题6　如何根据维修手册对曲轴位置传感器进行检测?

在开始作业前请确认已经做好作业前的准备工作。

卡罗拉1ZR发动机的曲轴位置传感器控制原理如图15-13所示,曲轴位置传感器将曲轴的转速信号通过B13-1和B13-2端子输送给电子控制单元B31-122(NE+)和B31-121(NE-)两个端子,ECU根据此信号计算出曲轴位置和发动机转速,确定点火和喷油时刻。曲轴位置传感器信号NE+和NE-为交流信号,在信号线外接有屏蔽线,以消除干扰、稳定信号。

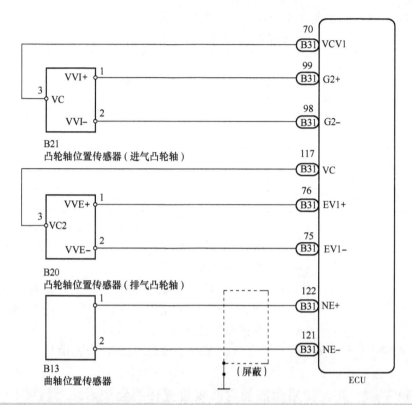

图 15-13　1ZR 发动机曲轴位置传感器控制原理图

当起动发动机或发动机转速为 600r/min 或更高时,在 ECU 没有接收到曲轴位置传感器信号(Ne)的情况下,ECU 便会储存故障代码 P0335。当起动信号(STA)发出 3s 后,发动机转速为 1000r/min 或更高的条件下,ECU 在 0.05s 或更长时间内仍然没有接收到曲轴位置传感器信号的情况下,ECU 便会储存故障代码 P0339。这些说明可能的故障原因是曲轴位置传感器损坏、曲轴位置传感器线路出现断路或短路、ECU 损坏,还有曲轴位置传感器信号盘出现机械故障等。

(1) 读取故障代码,检查动态数据流。

① 连接检测设备,打开点火开关,读取故障码:＿＿＿＿＿＿。

② 做基本检查,记录检查结果:＿＿＿＿＿＿。

③ 清除故障码,再次读取故障码:＿＿＿＿＿＿。

④ 起动发动机,记录发动机转速(Engine Speed)数据:＿＿＿＿＿＿。

(2) 检查曲轴位置传感器。关闭点火开关,断开传感器连接器,测量传感器阻值,并记录测量结果:＿＿＿＿＿＿。

在 20℃ 条件下,标准电阻为 1850～2450Ω。

(3)根据表 15-1 检查曲轴位置传感器至 ECU 线路。

曲轴位置传感器线路检查记录表　　　　　　　表 15-1

端　子	测量结果	结果分析
B13-1 至 B31-122(NE+)		
B13-2 至 B31-121(NE-)		
B13-1 或 B31-122(NE+)至车身搭铁		
B13-2 或 B31-121(NE-)至车身搭铁		

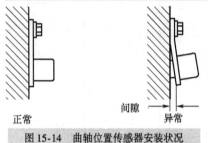

图 15-14　曲轴位置传感器安装状况

(4)如图 15-14 所示,检查曲轴位置传感器安装状况,并记录检查结果:＿＿＿＿＿。如出现异常,需重新安装传感器。

(5)检查曲轴位置传感器信号盘是否有裂纹或变形,并记录检查结果:＿＿＿＿＿。如出现异常,需更换曲轴位置传感器信号盘。

(6)如以上检查均正常,则更换 ECU。

引导问题 7 　如何使用示波器对曲轴位置传感器波形进行检测?

请使用示波器正确测量曲轴位置传感器信号波形,并将波形记录在表 15-2 中。

波 形 记 录 表　　　　　　　表 15-2

		每格电压:＿＿＿＿　　每格时间:＿＿＿＿
MAP 波形(异常)	示波器正表笔连接元件端口编号:＿＿＿＿ 针脚号:＿＿＿＿ 示波器负表笔连接部位:＿＿＿＿	

续上表

		每格电压： 每格时间：
MAP 波形(正常)	示波器正表笔连接元件端口编号：_____ 针脚号：_____ 示波器负表笔连接部位：_____	

引导问题 8 如何根据维修手册对凸轮轴位置传感器进行检测？

在开始作业前请确认已经做好作业前的准备工作。

1ZR 发动机采用双凸轮轴位置传感器，其控制原理如图 15-15 所示。进气凸轮轴位置传感器 B21-3 端子由 ECU 的 B31-70 端子提供 VC 电源(5V)，B21-1 号端子与 ECU 的 B31-99 端子连接，向 ECU 提供凸轮轴位置信号 VVI+，B21-2 端子与 ECU 的 B31-98 连接，通过 ECU 搭铁的信号 VVI-。排气凸轮轴位置传感器与进气侧控制原理相同，VC2 为 ECU 提供的 5V 电源，VVE+和 VVE-分别是提供给 ECU 的两个信号。

当进、排气凸轮轴位置传感器的输出电压(VVI+)为 0.3V 或更低时，ECU 便会储存故障代码 P0342 和 P0367。当进、排气凸轮轴位置传感器的输出电压(VVI+)为 4.7V 或更高时，ECU 便会储存故障代码 P0343 和 P0368。这些说明可能的故障原因是凸轮轴位置传感器损坏、凸轮轴位置传感器线路出现断路或短路、ECU 损坏、凸轮轴损坏和正时链条跳齿等机械故障。

(1) 读取故障代码，检查动态数据流。
① 连接检测设备，打开点火开关，读取故障码：_____。
② 做基本检查，记录检查结果：_____。
③ 清除故障码，再次读取故障码：_____。

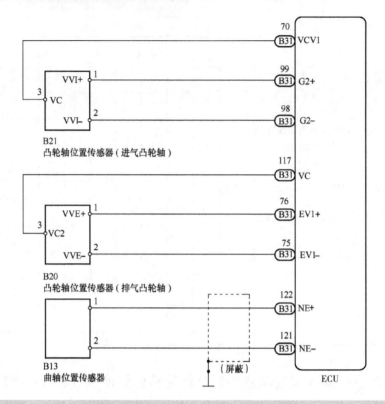

图15-15 进、排气凸轮轴位置传感器控制原理图

④起动发动机,记录进、排气凸轮轴位置传感器数据。

进气凸轮轴位置传感器(VVT Change Angle)数据:_____。

排气凸轮轴位置传感器(VVT Ex Change Angle)数据:_____。

(2)检查凸轮轴位置传感器电源。

①断开凸轮轴位置传感器连接器,打开点火开关。检查VC和VC2电源电压,并将测量结果记录结果在表15-3中。

VC 电源电压检查记录表　　　　　　　　　　　　　　　表15-3

端　　子	测量结果	结果分析
B21-3（VC）至车身搭铁		
B20-3（VC2）至车身搭铁		

 小提示

VC和VC2标准电压是4.5~5.0V。

②如果VC或VC2电压有异常,则需要检查传感器至ECU之间的线路。关闭点火开关,断开蓄电池负极,断开凸轮轴位置传感器连接器,断开ECU连接器。如图15-16所示的端子编号,进行线路检查并将测量结果记录在表15-4中。

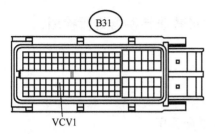 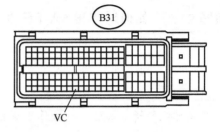

图 15-16　进、排气凸轮轴位置传感器 VC、VCV1 端子示意图

VC 线路检查记录表　　　　　　　　　　　　　表 15-4

端　子	测　量　结　果	结　果　分　析
B21-3（VC）至 B31-70（VCV1）		
B20-3（VC2）至 B31-117（VC）		
B21-3（VC）或 B31-70（VCV1）至车身搭铁		
B20-3（VC2）或 B31-117（VC）至车身搭铁		

（3）检查凸轮轴位置传感器至 ECU 线路。
①关闭点火开关,断开蓄电池负极,断开凸轮轴位置传感器连接器,断开 ECM 连接器。
②进行线路检查并将测量结果记录在表 15-5 中。

进、排气凸轮轴位置传感器信号线路检查记录表　　表 15-5

端　子	测　量　结　果	结　果　分　析
B21-1（VVI+）至 B31-99（G2+）		
B21-2（VVI-）至 B31-98（G2-）		
B21-1（VVI+）或 B31-99（G2+）至车身搭铁		
B21-2（VVI-）或 B31-98（G2-）至车身搭铁		
B20-1（VC）至 B31-76（EV1+）		
B20-2（VC2）至 B31-75（EV1-）		
B20-1（VC）或 B31-76（EV1+）至车身搭铁		
B20-2（VC2）或 B31-75（EV1-）至车身搭铁		

（4）如图 15-17 所示,检查进、排气凸轮轴位置传感器安装状况。如出现异常,需重新安装传感器。记录检查结果：_____。

（5）重新检查 DTC：_____。如果再次出现,更换进、排气凸轮轴位置传感器。

（6）检查进、排气凸轮轴信号盘是否有裂纹或变形,并记录检查结果：_____。如出现异常,需更换凸轮轴。同时检查气门正时知否正确。

（7）如以上检查均正常,则更换 ECU。

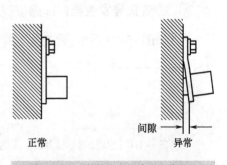

图 15-17　凸轮轴位置传感器安装状况

 **如何对丰田5A-FE发动机转速传感器进行检测？**

> 注意
>
> 在开始作业前请确认已经做好作业前的准备工作。

丰田5A-FE发动机转速位置传感器安装在分电器内，其控制原理如图15-18所示。Ne信号转子的外圆周有4个齿，当凸轮轴转动时，信号盘的凸齿部分和Ne感应线圈的气隙随之变化，从而造成磁场变化并在感应线圈中产生电动势，将Ne+和Ne−信号从传感器的2号和4号端子输送给ECU。

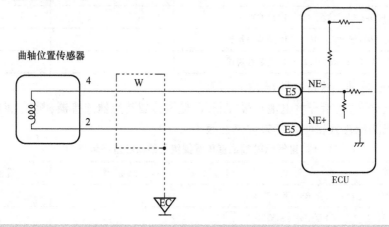

图15-18　5A-FE发动机转速传感器控制原理图

> 注意
>
> 图15-18所示电路图适用于日本本土5A-FE发动机，如果装备有国内版本5A-FE发动机，其线路略有不同，请根据实际线路进行检测。

❶ 检查信号发生器（Ne感应线圈）

（1）如图15-19所示，检查分电器连接器2号端子和4号端子之间阻值，并记录测量阻值：_____。

> 小提示
>
> 在−10~50℃时，标准阻值为185~275Ω；在50~100℃时，标准阻值为240~325Ω。

（2）如图 15-20 所示，使用厚薄规测量信号转子和 Ne 感应线圈凸齿之间气隙，并记录测量结果：_____。

标准气隙为 0.2~0.4mm。

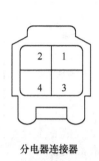

分电器连接器

图 15-19　信号发生器端子示意图

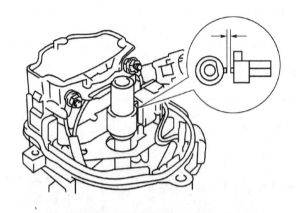

图 15-20　转速传感器信号发生器间隙检查

2 检查转速传感器线路

进行线路检查并将测量结果记录在表 15-6 中。

转速传感器线路检查记录表　　　　　　表 15-6

端　　子	测量结果	结果分析
分电器连接器2(NE+)至ECU(NE+)		
分电器连接器4(NE-)至ECU(NE-)		
分电器连接器2(NE+)或ECU(NE+)至车身搭铁		
分电器连接器4(NE-)或ECU(NE-)至车身搭铁		

三 评价与反馈

请完成评价反馈表(表 15-7)。

评价反馈表   表15-7

请根据你自己在工作中和课堂上的表现,对自己进行客观的评价,看看你能获得几颗星?

评价项目	5颗星	3颗星	1颗星	评价结果
知识掌握情况	掌握相关理论知识,并能运用到实际操作中,学习任务完成良好	基本能够理解相关理论知识,能够完成相应工作	对相关理论知识不明白,不能或者难以完成相应的工作	
动手实践情况	积极参加,做好安全保护工作,注重工作质量	会动手实践,安全保护措施到位,工作质量较好	出现安全隐患,不知道如何动手实践	
小组合作情况	与小组成员配合工作很愉快	与小组其他同学配合工作交流较少	没有与其他同学进行交流	
6S执行情况	值日认真,服从指挥,工位、工装整洁,职业形象好	值日较认真,出现迟到或其他违纪情况	出现忘记值日,工位或工装不整洁的情况	
哪些方面需要改进				
教师点评				
学生姓名		小组长签名		
教师签名		日期		

四 学习拓展

请在凯越轿车和帕萨特轿车上找出曲轴、凸轮轴位置传感器,并说明他们的类型和特点。

学习任务十六　点火线圈和爆震传感器的检查与更换

学习目标

◎ 知识目标

(1) 能够叙述点火系统中点火提前角的控制内容。
(2) 能够叙述微机控制点火系统的控制方式。
(3) 能够叙述点火线圈的分类和工作原理。
(4) 能够看懂点火控制和爆震控制的相关电路图。

◎ 技能目标

(1) 能熟练使用各种测量工具，正确检测丰田 5A-FE 发动机和 1ZR 发动机的点火线圈。
(2) 能熟练使用各种测量工具，正确检测丰田 5A-FE 发动机和 1ZR 发动机的爆震传感器。
(3) 能够正确使用维修资料、正确读取故障码和数据流，并学会使用示波器检测点火波形和爆震传感器的波形。

◎ 素养目标

(1) 能够制订详细的工作计划，并独立完成工作任务。
(2) 能够在整个工作过程中，与小组其他成员合作、交流并进行任务分工。
(3) 养成服从管理，规范作业的良好工作习惯。
(4) 培养团队合作意识和安全工作的习惯。

  建议完成本学习任务的时间为 6 课时。

  学习任务描述

　　一辆卡罗拉 1.6L 轿车，车主反映：起动困难，急速、加速时发动机有抖动明显现象，故障指示灯点亮；同时输出故障码 P0354 和 P0327。需要你对点火系统的故障进行诊断，确认故障部位并进行维修。

学习内容

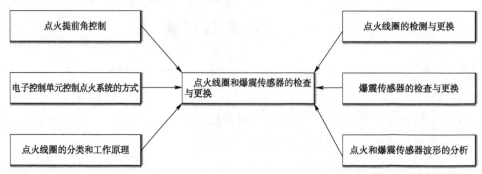

 注意事项

(1) 在工作过程中要注意人身安全,认真执行6S管理。
(2) 在工作过程中请根据操作步骤,规范操作,防止损坏设备和器材。
(3) 严格按照工作要求正确使用仪器设备,出现问题及时报告,服从管理。

一 资料收集

引导问题1 什么叫点火提前角?电控点火系统的点火提前角是如何控制的?

点火提前角是从火花塞发出电火花,到该缸活塞运行至压缩上止点时曲轴转过的角度,如图16-1所示。对于汽车而言,最佳的点火提前角不仅可以保证发动机的动力性和燃油经济性都达到最佳,同时还可以保证排放污染物最少。如果点火提前角过大(点火过早),则大部分混合气在压缩过程中燃烧,活塞所消耗的压缩功增加,且缸内最高压力升高,末端混合气自燃所需的时间缩短,爆燃倾向增大。如果点火提前角过小(点火过迟),则燃烧延长到膨胀过程,燃烧最高压力和最高温度下降,传热损失增多,排气温度升高,发动机功率、热效率降低,但爆燃倾向减小,NO_x排放量降低。

 点火提前角控制

在发动机正常运行时,点火提前角的组成,如图16-2所示。
点火提前角计算公式:
　　实际点火提前角 = 初始点火提前角 + 基本点火提前角 + 修正点火提前角
(1) 初始提前角。在起动期间,发动机转速较低,由于进气歧管压力信号或空气流量信号不稳定,点火时间固定在初始点火提前角。此时的控制信号主要是发动机转速信号(Ne)和起动(STA)信号。

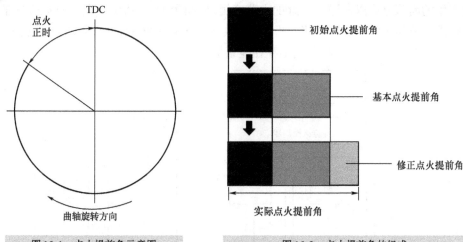

图 16-1 点火提前角示意图　　图 16-2 点火提前角的组成

（2）基本提前角。在正常运行工况时，ECU 根据进气歧管压力信号或空气流量信号、发动机转速信号、节气门位置信号、空调开关信号、爆震信号等确定基本点火提前角。

（3）点火提前角修正。ECU 根据发动机冷却液温度、怠速稳定性、空燃比反馈、爆震信号等做出点火提前角的修正。

2　通电时间控制

在电子控制单元控制点火系统中，点火线圈初级电路的通电时间由 ECU 控制，根据发动机的转速信号和电源电压信号确定最佳的闭合角，以保证足够的点火能量。在发动机转速升高和蓄电池电压下降时，闭合角控制电路使闭合角加大，即延长初级电路的通电时间，以防止初级线圈的电流下降。因此，必须对通电时间进行修正。

3　爆震控制

爆震是由燃烧室中的可燃混合气自燃导致不正常燃烧的现象，当发动机产生爆燃时，会导致发动机冷却液过热，功率下降、油耗上升等。

爆震控制的方法是推迟点火提前角，利用爆震传感器中的压电晶体的压电效应，把爆震传到汽缸体上的机械振动转换成为电信号输入 ECU，ECU 再经过处理、判断有无爆震或爆震的强弱，推迟点火时间。每一次调整以固定的角度推迟点火，直到爆震消失为止。而后又以固定的角度提前点火，当发动机再次出现爆震时，ECU 再次推迟点火，如此反复进行。

引导问题2　微机控制点火系统分为哪几种控制方式？

1　同时（分组）点火方式

该点火系统中，点火线圈直接与火花塞连接，点火线圈的次级绕组有两个高压输出端，次级绕组利用高压线将两个汽缸的火花塞，通过他们的接地点串联成一个闭合回路，一个点火线圈产生的高压电可以向两个汽缸的火花塞提供,如图 16-3 所示。同时点火方式的特点是点火线圈的数等于汽缸数的一半,两个汽缸共用一个点火线圈,两个汽缸同时点火,但是由于另一个汽缸处于排气行程,因此不存在能量损失。

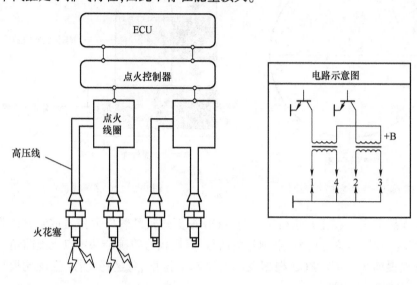

图 16-3　同时点火式电控点火系统示意图

2 独立顺序点火方式

独立顺序点火方式(独立点火方式)是电控单元按照发动机做功顺序控制点火,一个火花塞上配有一个点火线圈,如图 16-4 所示。每缸一个点火线圈,即点火线圈的数量与汽缸数相等,点火线圈直接向火花塞提供高压电。点火正时由发动机电控单元 ECU 中的点火提前功能控制。目前,这种点火系统在汽油发动机的点火系统中占有主导地位。

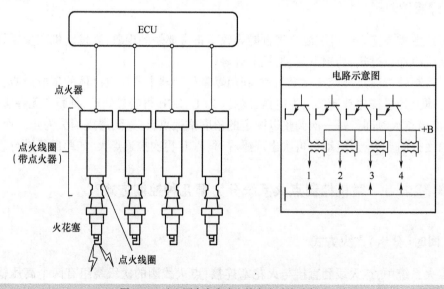

图 16-4　独立顺序点火式电控点火系统示意图

3 二极管分配点火方式

二极管分配点火方式也属于同时点火,该点火系统中的点火线圈由两个初级绕组和一个次级绕组。如图16-5所示,两个初级绕组由点火器中的功率管分别供电,一个次级线圈有两个高压电输出端,每个输出端各装有两个整流二极管。每个二极管通过高压导线分别向各缸火花塞。

引导问题3 点火线圈分为哪几种?是如何工作的?

点火线圈的作用是将蓄电池提供的12V低压电转变为15~20kV的高压电,足以使火花塞电极间产生跳火。点火线圈的类型有开磁路点火线圈、闭磁路点火线圈、带输出驱动级的点火线圈以及带点火控制器的点火线圈,根据不同的点火系统选择使用不同的点火线圈,如图16-6所示。

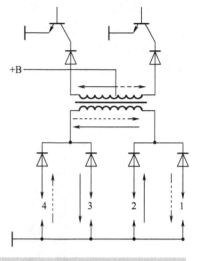

图16-5 二极管分配点火式电控点火系统电路示意图

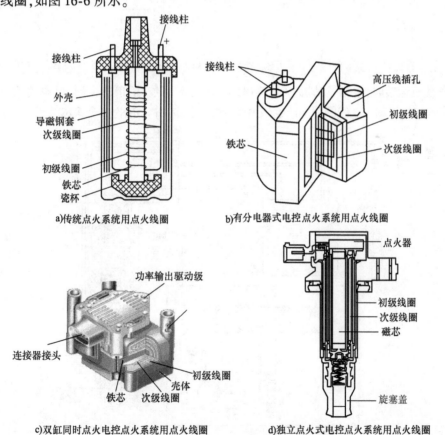

a)传统点火系统用点火线圈　　b)有分电器式电控点火系统用点火线圈

c)双缸同时点火电控点火系统用点火线圈　　d)独立点火式电控点火系统用点火线圈

图16-6 各种点火线圈的结构示意图

丰田 1ZR 发动机装备的是带点火器的点火线圈,具体结构如图 16-7 所示。通过使用带有点火器的点火线圈,可将点火线圈直接连接在每个汽缸的火花塞上。因为点火线圈和火花塞直接连接,使高压电流过的距离缩短,从而电压损失和电磁干扰也减少。这样,点火系统的可靠性也得到了提高。

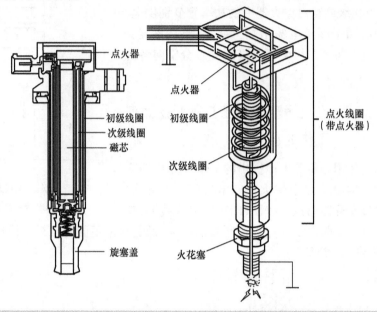

图 16-7　丰田 1ZR 发动机独立点火系统用点火线圈的结构示意图

当发动机运转时,根据发动机 ECU 输出的点火正时信号(IGT)。此时,蓄电池的电流通过点火器流到初级线圈。在线圈周围产生磁力线,次级线圈在中心包含一个铁芯,如图 16-8 所示。

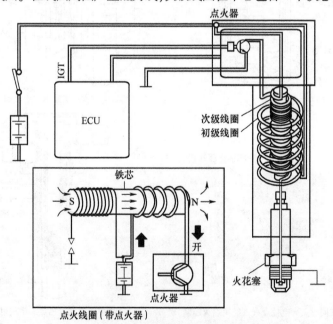

图 16-8　点火线圈初级电路原理图

当发动机继续运转时,点火器按发动机电子控制单元输出的点火正时信号(IGT)快速地切断流往初级线圈的电流,初级线圈的磁通量开始减小。这样,在次级线圈互感效应下产生约30kV高压电电动势,再通过火花塞产生火花放电,如图16-9所示。

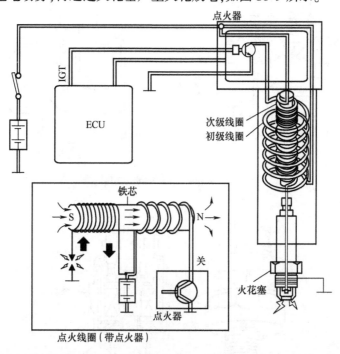

图16-9 点火线圈次级电路原理图

引导问题4　爆震传感器的功用是什么？是如何工作的？

爆震传感器是将发动机爆震信号转换成电信号传递给ECU,ECU根据爆震信号对点火提前角进行修正,从而使点火提前角保持最佳。汽车用爆震传感器按结构分为压电式和磁致伸缩式两种。

1 压电式爆震传感器

压电晶体式爆震传感器是利用压电晶体的压电效应制成的爆震传感器,安装在发动机缸体上,如图16-10所示。该类型传感器把爆震传到汽缸体上的机械振动转换成为电信号,ECU根据此信号判别发动机是否发生爆震或爆震的强弱,借以实现点火正时的闭环控制,以便有效抑制爆震的发生。

2 磁致伸缩式爆震传感器

磁致伸缩式爆震传感器的外形与结构如图16-11所示,主要由磁芯、永久磁铁及感应线圈等组成。当发动机的汽缸体出现振动时,使感应线圈内的磁通量发生变化,而在感应线圈内产生感应电动势,并将这个电信号输入ECU。

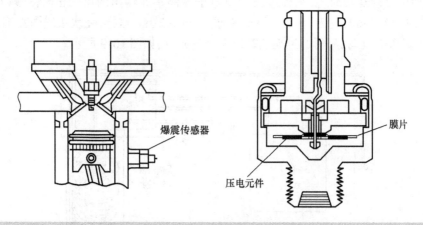

图 16-10 压电式爆震传感器结构示意图

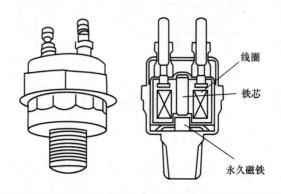

图 16-11 磁致伸缩式爆震传感器结构示意图

二、实施作业

引导问题 5 如何检查和更换丰田 5A-FE 发动机的点火线圈?

 注 意

在开始作业前请确认已经做好作业前的准备工作。

丰田 5A-FE 发动机点火系统控制原理如图 16-12 所示,蓄电池的电流经过点火线圈的初级线圈,即点火线圈的 4 号端子,连接到点火器的 5 号端子。此时,ECU 使 Tr_1 导通,将点火正时信号(IGT)高电平从 E6-21 端子输出到点火器的 2 号端子,点火器中的 Tr_2 是导通的。同时点火器的 1 号端子输出的 IGF 信号为低电位。

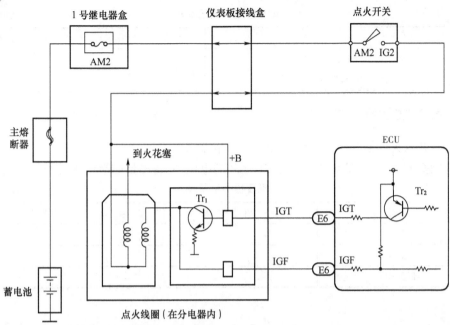

图 16-12　丰田 5A-FE 发动机点火系统控制原理

当 ECU 发出点火正时信号后，ECU 使 Tr_1 截止，输出的 IGT 信号为低电平。此时，Tr_2 截止切断初级线圈电流，便在次级线圈中产生点火高压，使火花塞跳火。同时，初级线圈产生反向电动势，点火器将点火确认信号 IGF，即点火反馈信号通过 IGF 端子输送至 ECU。

当 IGT 的 4 个连续信号中，没有 IGF 信号送给 ECU，ECU 便会储存故障代码 P1300。说明可能的故障部位是点火线圈损坏、点火器断路或短路和 ECU 损坏等。

1 读取故障代码，检查动态数据流

(1) 连接检测设备，打开点火开关，读取故障码：_____。
(2) 做基本检查，记录检查结果：_____。
(3) 清除故障码，再次读取故障码：_____。
(4) 起动发动机，将相关数据记录在表 16-1 中。

点火相关数据记录表　　　　　　　　　　　　　　表 16-1

相关数据	记录结果
发动机转速（Engine Speed）	
点火提前角（IGN Advance）	
喷油脉宽（Injector）	

2 检查 IGF 线路

(1) 关闭点火开关，断开蓄电池负极，断开 ECU 连接器，断开点火器连接器。
(2) 测量 ECU 连接器端子（IGF）和点火器连接器端子（IGF）之间电阻，测量 ECU 连接端子（IGF）和车身搭铁之间的电阻，并将测量结果记录在表 16-2 中。

IGF 线路检测记录表　　　　　　　　　　　　　　表 16-2

端　子	测量结果	结果分析
E6-IGF 至分电器连接器-3		
E6-IGF 或分电器连接器-3 至车身搭铁		

3 检查 ECU 的 IGF 电压

(1) 断开点火连接器,将点火开关置于 ON 位置。

(2) 检查 ECU 连接器 IGF 端子与 E1 之间的电压,并将测量结果记录在表 16-3 中。

电压检测记录表　　　　　　　　　　　　　　表 16-3

端　子	测量结果	结果分析
IGF 至 E1		
IGT 至 E1		
+B 至 E1		

小　提　示

　　IGF 与 E1 之间的标准电压为 4.5～5.5V。如果电压正常,则说明点火器损坏,需要更换。如果电压不正常,更换 ECU。

4 检查 ECU 的 IGT 电压

(1) 断开点火连接器,将点火开关置于 ON 位置。

(2) 检查 ECU 连接器 IGT 端子与 E1 之间的电压,并将测量结果记录在表 16-3 中。

小　提　示

　　IGT 与 E1 之间的标准电压为 0.1～4.5V。如果电压不正常,更换 ECU。

5 检查点火器总成(+B 电压)

(1) 断开点火连接器,将点火开关置于 ON 位置。

(2) 检查点火器连接器 +B 和车身搭铁之间的电压,并将测量结果记录在表 16-3 中。

小　提　示

　　+B 与 E1 之间的标准电压为 9～14V。如果电压不正常,则需维修线束。

6 检查点火线圈总成

（1）如图16-13所示，检查初级线圈电阻，测量正极和负极之间的电阻，并将测量结果记录在表16-4中。

初级线圈标准电阻：冷态为0.36～0.55Ω，热态为0.45～0.65Ω。如果不符合标准，则需更换点火线圈。

（2）如图16-14所示，检查次级线圈电阻，测量正极和高压线端子之间的电阻，并将测量结果记录在表16-4中。

点火线圈电阻检测记录表　　　　　　　　　　　　　　　表16-4

端　子	测量结果	结果分析
初级线圈电阻		
次级线圈电阻		

次级线圈标准电阻：冷态为9.0～15.4kΩ，热态为11.4～18.1kΩ。如果不符合标准，则需更换点火线圈。

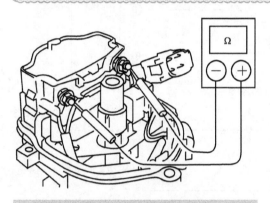

图16-13　点火线圈初级线圈的检查

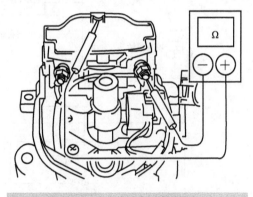

图16-14　点火线圈次级线圈的检查

 如何按规范检查和更换1ZR发动机的点火线圈？

在开始作业前请确认已经做好作业前的准备工作。

卡罗拉轿车1ZR发动机的点火系统控制原理如图16-15所示，4个缸的点火线圈的连接器代码分别是B26、B27、B28和B29，其中每个点火线圈的1号端子为IG2继电器提供给点火线圈的电源+B，电压为12V。每个点火线圈的4号端子为搭铁端子，共同连接到同一个节点上，并搭铁。ECU的B31-85、B31-84、B31-83和B31-82端子提供5V的IGT点火信号发

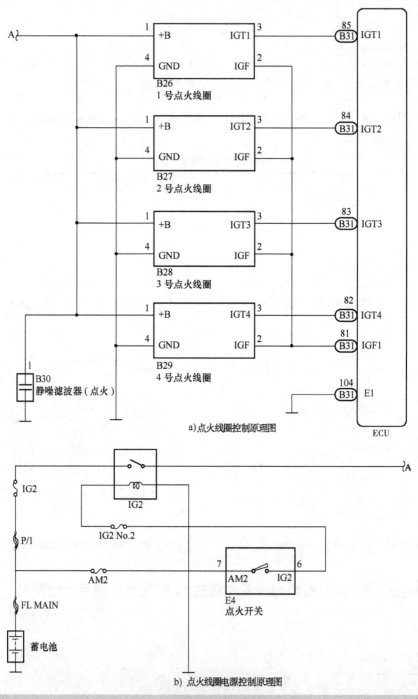

图16-15　1ZR发动机点火线圈控制原理图

送给 B26-3、B27-3、B28-3 和 B29-3 端子。每个点火线圈的 2 号端子是点火确认信号 IGF 端子,4 个汽缸的 IGF 信号共同连接到同一个节点上,并将点火确认信号 IGF 发送给 ECU 的 B31-81 端子。ECU 的 B31-104 端子是电子控制单元的搭铁端子。

当发动机运转,没有 IGF 信号发送给 ECU 时,ECU 便会储存故障代码 P0351、P0352、P0353 和 P0354。说明 1 缸至 4 缸点火线圈损坏、控制线路出现断路或短路故障,还有可能是 ECU 损坏等。

1 检查点火线圈

(1)将诊断仪连接到 DLC3 上,打开点火开关,读取并记录 DTC:_____。

 小 提 示

如图 16-16 所示,故障码为 P0354。

(2)交换点火线圈的排列形式。如图 16-17 所示,将第_____缸点火线圈换位到第_____缸上。

 小 提 示

故障码 P0354,将 4 缸点火线圈更换到 1、2 或 3 缸上。

图 16-16　故障码的读取

图 16-17　交换点火线圈的排列顺序

(3)重新连接点火线圈连接器,检查故障码 DTC:_____。
说明:_____。

 小 提 示

如图 16-18 所示,如果输出相同 DTC(P0354),说明 4 缸点火线圈良好;如果输出不同点火线圈的 DTC(P0351、P0352 或 P0353),说明 4 缸点火线圈元件损坏,需要更换。

图 16-18 故障码的再次读取

(4)拆卸损坏的点火线圈,立即换用新元件,上紧力矩为 10N·m。

2 检查点火线圈电源

(1)断开点火线圈连接器,并将点火开关置于 ON 位置。

(2)测量点火线圈连接器 1 号端子(+B)与 4 号端子(GND)之间的电压,并将测量结果记录在表 16-5 中。

+B 电压检测记录表 表 16-5

端　　子	测量结果	结果分析
B26-1(+B)至 B26-4(GND)		
B27-1(+B)至 B27-4(GND)		
B28-1(+B)至 B28-4(GND)		
B29-1(+B)至 B29-4(GND)		

+B 与 GND 之间的标准电压为 9～14V。

(3)关闭点火开关,检查点火线圈连接器 4 号端子(GND)与车身之间是否存在断路,并将测量结果记录在表 16-6 中。

(4)从发动机继电器盒上拆下集成继电器,断开集成继电器连接器。

搭铁线检测记录表 表 16-6

端　　子	测量结果	结果分析
B26-4(GND)至车身搭铁		
B27-4(GND)至车身搭铁		
B28-4(GND)至车身搭铁		
B29-4(GND)至车身搭铁		

小 提 示

如果测量值大于1Ω,说明线路断路或接触不良,需要维修或更换线束。

(5)检查点火线圈连接器1号端子(+B)与IG2继电器4号端子之间是否存在断路,并将测量结果记录在表16-7中。

 小 提 示

如果测量值大于1Ω,说明线路断路或接触不良,需要维修或更换线束。

(6)检查点火线圈连接器1号端子(+B)或IG2继电器4号端子与车身之间是否存在短路,并将测量结果记录在表16-7中。

+B电源线路检测记录表　　　　　　　　　　　　　　表16-7

端　　子	测量结果	结果分析
B26-1(+B)至1A-4		
B27-1(+B)至1A-4		
B28-1(+B)至1A-4		
B29-1(+B)至1A-4		
B26-1(+B)或1A-4至车身搭铁		
B27-1(+B)或1A-4至车身搭铁		
B28-1(+B)或1A-4至车身搭铁		
B29-1(+B)或1A-4至车身搭铁		

 小 提 示

如果测量值小于10kΩ,说明线路与车身短路,需要维修或更换线束。

3 检查线束和连接器IGF(点火线圈连接器——ECU)

(1)断开蓄电池负极,断开点火线圈总成连接器,断开ECU连接器。

(2)检查点火线圈连接器2号端子(IGF)与ECU之间是否存在断路,并将测量结果记录在表16-8中。

 小 提 示

如果测量值大于1Ω,说明线路断路或接触不良,需要维修或更换线束。

(3)检查点火线圈连接器 2 号端子(IGF)与 ECU 之间是否存在短路,并将测量结果记录在表 16-8 中。

如果测量值小于 10kΩ,说明线路与车身短路,需要维修或更换线束。

IGF 线路检测记录表　　　　　　　　　　　　　表 16-8

端　子	测量结果	结果分析
B26-2(IGF)至 B31-81(IGF1)		
B27-2(IGF)至 B31-81(IGF1)		
B28-2(IGF)至 B31-81(IGF1)		
B29-2(IGF)至 B31-81(IGF1)		
B26-2(IGF)或 B31-81(IGF1)至车身搭铁		
B27-2(IGF)或 B31-81(IGF1)至车身搭铁		
B28-2(IGF)或 B31-81(IGF1)至车身搭铁		
B29-2(IGF)或 B31-81(IGF1)至车身搭铁		

4 **检查线束和连接器 IGT**(点火线圈连接器——ECU)

(1)断开蓄电池负极,断开点火线圈总成连接器,断开 ECU 连接器。

(2)检查点火线圈连接器 3 号端子(IGT)与 ECU 之间是否存在断路,并将测量结果记录在表 16-9 中。

如果测量值大于 1Ω,说明线路断路或接触不良,需要维修或更换线束。

(3)检查点火线圈连接器 3 号端子(IGT)与车身之间是否存在短路,并将测量结果记录在表 16-9 中。

IGT 线路检测记录表　　　　　　　　　　　　　表 16-9

端　子	测量结果	结果分析
B26-3(IGT1)至 B31-85(IGT1)		
B27-3(IGT2)至 B31-85(IGT2)		
B28-3(IGT3)至 B31-85(IGT3)		
B29-3(IGT4)至 B31-85(IGT4)		
B26-3(IGT1)或 B31-85(IGT1)至车身搭铁		
B27-3(IGT2)或 B31-85(IGT2)至车身搭铁		
B28-3(IGT3)或 B31-85(IGT3)至车身搭铁		
B29-3(IGT4)或 B31-85(IGT4)至车身搭铁		

> **小提示**
>
> 如果测量值小于10kΩ,说明线路与车身短路,需要维修或更换线束。

引导问题7 如何使用示波器对点火线圈的IGT、IGF波形进行检测?

1ZR发动机的点火正时IGT信号由ECU根据G信号、Ne信号以及其他各种传感器传来的信号确定。ECU向点火控制器发出5V的脉冲信号,1ZR发动机采用独立点火控制,所以点火正时信号有IGT1、IGT2、IGT3、IGT4。同时,点4个汽缸的点火确认信号IGF连接到同一节点上,并发送给ECU,如图16-19所示。

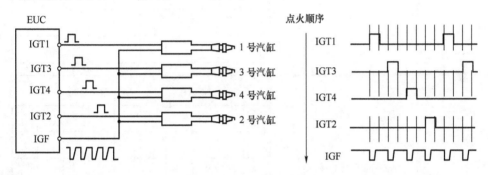

图16-19 IGT、IGF信号波形示意图

请查阅维修手册,使用示波器正确测量点火IGT、IGF信号波形,并将测量结果记录在表16-10中。

> **小提示**
>
> 标准的点火IGT、IGF波形如图16-20所示。
>
>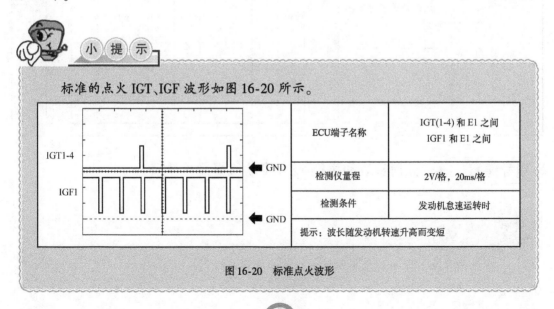
>
> 图16-20 标准点火波形

波形记录表　　　　　　　表16-10

		每格电压：　　每格时间：
MAP波形(异常)	示波器正表笔连接元件端口编号：_____ 针脚号：_____ 示波器负表笔连接部位：_____	
MAP波形(正常)	示波器正表笔连接元件端口编号：_____ 针脚号：_____ 示波器负表笔连接部位：_____	每格电压：　　每格时间：

引导问题8 如何检查和更换1ZR发动机爆震传感器？

在开始作业前请确认已经做好作业前的准备工作。

卡罗拉轿车 1ZR 发动机的爆震控制原理如图 16-21 所示。爆震传感器安装在发动机进气歧管总成下的缸体上。当发动机产生爆震时，爆震传感器的压电元件因变形而产生电压，通过 D1-2 端子向 ECU 的 B31-110 端子输出爆震信号 KNK1，爆震传感器 D1-1 端子通过 ECU 的 B31-111 端子搭铁。

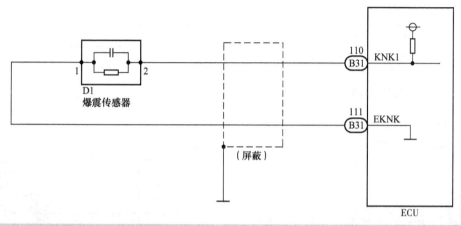

图 16-21　1ZR 发动机爆震控制原理图

当爆震传感器输出电压为 0.5V 或更低时，将输出 P0327。当爆震传感器输出电压为 4.5V 或更高时，将输出 P0328。此时，ECU 进入失效保护状态，将点火正时推迟至最大延迟时间，直到点火开关置于 OFF 位置为止。

1　读取故障码，检查动态数据流

(1) 连接检测设备，打开点火开关，读取故障码：_____。
(2) 做基本检查，记录检查结果：_____。
(3) 清除故障码，再次读取故障码：_____。
(4) 起动发动机，记录爆震反馈数据：_____。

2　检查 KNK1 电压

(1) 断开爆震传感器连接器，将点火开关置于 ON 位置。
(2) 如图 16-22 所示，检查 D1 的 1、2 号端子之间的电压：_____。

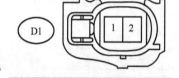

图 16-22　爆震传感器连接器示意图

小提示

标准电压为 4.5~5.5V。如果不符合标准，则需要检查 ECU 至爆震传感器线路。

3　检查爆震传感器线路

(1) 关闭点火开关，断开蓄电池负极，断开爆震传感器连接器，断开 ECU 连接器。

（2）测量线路电阻，并将测量结果记录在表 16-11 中。

爆震信号线路检测记录表　　　　　　　　　　　表 16-11

端　　子	测量结果	结果分析
D1-2 至 B31-110（KNK1）		
D1-1 至 B31-111（EKNK）		
D1-2 或 B31-110（KNK1）至车身搭铁		
D1-1 或 B31-111（EKNK）至车身搭铁		

4　检查爆震传感器

（1）拆下爆震传感器。

（2）如图 16-23 所示，测量爆震传感器电阻：_____。

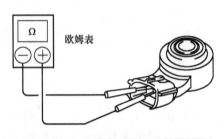

图 16-23　爆震传感器的电阻测量

在 20℃下，标准电阻为 120～280kΩ。

三　评价与反馈

请完成评价反馈表（表 16-12）。

评　价　反　馈　表　　　　　　　　　　　表 16-12

请根据你自己在工作中和课堂上的表现，对自己进行客观的评价，看看你能获得几颗星？

评价项目	5 颗星	3 颗星	1 颗星	评价结果
知识掌握情况	掌握相关理论知识，并能运用到实际操作中，学习任务完成良好	基本能够理解相关理论知识，能够完成相应工作	对相关理论知识不明白，不能或者难以完成相应的工作	
动手实践情况	积极参加，做好安全保护工作，注重工作质量	会动手实践，安全保护措施到位，工作质量较好	出现安全隐患，不知道如何动手实践	
小组合作情况	与小组成员配合工作很愉快	与小组其他同学配合工作交流较少	没有与其他同学进行交流	
6S 执行情况	值日认真，服从指挥，工位、工装整洁，职业形象好	值日较认真，出现迟到或其他违纪情况	出现忘记值日，工位或工装不整洁的情况	

项目五　电控发动机点火控制系统的检修

续上表

评价项目	5颗星	3颗星	1颗星	评价结果
哪些方面需要改进				
教师点评				
学生姓名		小组长签名		
教师签名		日期		

四 学习拓展

1. 请简要阐述IGT和IGF信号的控制原理和信号特点。

2. 请在凯越轿车上找到点火系统的组成,并说明如图16-24所示的凯越轿车点火系统的控制原理。

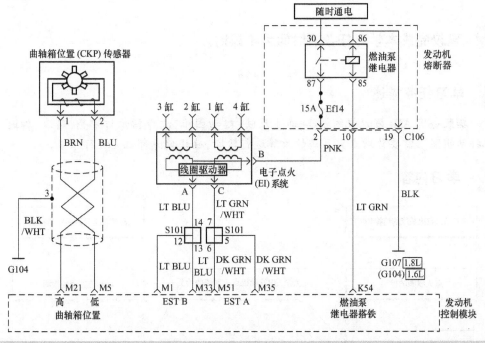

图16-24　凯越轿车点火系统控制原理图

学习任务十七　大众AJR发动机点火系统的检测

学习目标

◎ 知识目标
(1)能够叙述大众AJR发动机点火系统的结构和特点。
(2)能够叙述大众AJR发动机点火线圈和各传感器的工作原理。
(3)能够看懂大众AJR发动机点火控制的相关电路图。

◎ 技能目标
(1)能熟练使用各种测量工具,正确检测点火线圈。
(2)能熟练使用各种测量工具,正确检测曲轴位置传感器、凸轮轴位置传感器和爆震传感器。
(3)能熟练使用各种测量工具,正确检测爆震传感器。
(4)能够正确使用维修资料、正确读取故障码和数据流,并学会使用示波器检测点火波形和传感器的波形。

◎ 素养目标
(1)能够制订详细的工作计划,并独立完成工作任务。
(2)能够在整个工作过程中,与小组其他成员合作、交流并进行任务分工。
(3)养成服从管理,规范作业的良好工作习惯。
(4)培养团队合作意识和安全工作的习惯。

建议完成本学习任务的时间为4课时。

学习任务描述

一辆装备有AJR发动机的轿车,车主反映:起动困难,故障指示灯常亮,怠速、加速时发动机抖动明显。需要你对点火系统的故障进行诊断,确认故障部位并进行维修。

学习内容

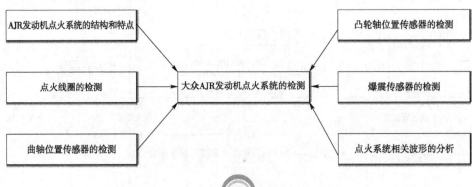

注意事项

(1) 在工作过程中要注意人身安全,认真执行6S管理。
(2) 在工作过程中请根据操作步骤,规范操作,防止损坏设备和器材。
(3) 严格按照工作要求正确使用仪器设备,出现问题及时报告,服从管理。

 资料收集

引导问题1 大众AJR发动机点火系统的组成和特点是什么?

AJR发动机的点火系统采用无分电器双火花直接点火系统。如图17-1所示,由发动机控制单元(ECU)、带输出驱动级的点火线圈组件(包含点火线圈和点火控制器)、火花塞、曲轴位置传感器、凸轮轴位置传感器、爆震传感器等组成。点火系统的工作原理是:发动机曲轴位置传感器和凸轮轴位置传感器将发动机转速和曲轴转角信号、凸轮轴位置信号输送给ECU,ECU控制点火信号。使输出驱动级的点火线圈组件产生高压电,使火花塞跳火。

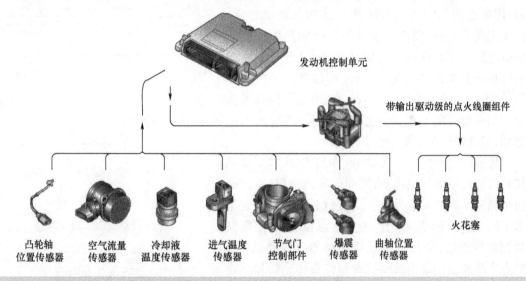

图17-1 AJR发动机点火系统的组成

引导问题2 AJR发动机点火系统的点火线圈总成有何特点?

AJR发动机采用无分电器直接点火系统,它具有双火花点火线圈。有两个点火线圈和功率输出级共同组成了一个点火线圈总成,如图17-2所示,安装在进气歧管内侧。

如图17-3所示,当点火开关接通时,15号电源线与点火控制组件N152的T4-2端子接通。当电控单元J220根据曲轴位置传感器、凸轮轴位置传感器、节气门位置传感器以及温

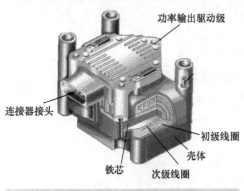

图17-2 双缸同时点火系统点火线圈的结构

度传感器等信号确定1、4号汽缸需要点火时,立即从ECU的T80-78号端子发出脉冲信号给点火线圈N152的T4-3端子,使点火控制器控制点火线圈的功率三极管截止,点火线圈的初级电流切断,其次级绕组中就会产生高压电并加到1、4号汽缸火花塞上同时跳火。

当2、3号汽缸需要点火时,电控单元J220便向71号端子发出脉冲信号。点火线圈N152的T4-1端子,使点火控制器控制点火线圈的三极管截止,点火线圈的初级电流切断,次级绕组产生高压电并加到2、3号汽缸火花塞上同时跳火。

引导问题3 AJR发动机的曲轴位置和凸轮轴位置传感器有何特点?

AJR发动机曲轴位置传感器安装在汽缸体左侧、靠近飞轮处,传感器的齿圈安装在飞轮与曲轴之间,如图17-4所示。

AJR发动机曲轴位置传感器是电磁感应式传感器,用来检测曲轴精确的转角位移和发动机转速。由于磁通量变化,使传感器的感应线圈产生交变的感应电压。发动机ECU可以从交变的电压变化频率来计算出发动机的转速。另外,在齿圈上缺少2个齿,用于识别曲轴位置,作为点火正时信号的参考信号。如果没有曲轴位置传感器的信号,发动机不能起动,运转时也会立即熄火。

传感器齿圈的2个齿缺处,作为ECU识别曲轴转角位置的基准标记(点火时间信号)。ECU通过缺齿可确定1缸和4缸处于上止点位置。为了确定是第1缸,还是第4缸处于压缩上止点位置,还需要设置判缸传感器,即凸轮轴位置传感器。发动机第1缸点火基准信号是由发动机曲轴位置传感器和凸轮轴位置传感器一起确定的。

AJR发动机所采用的霍尔式凸轮轴位置传感器安装在汽缸盖前端凸轮轴链轮之后。凸轮轴位置传感器的转子有一个180°的缺口,因此,曲轴每转两圈便产生一个信号,这个信号也就确定了第一缸压缩上止点的位置,并将此信号传给发动机ECU。如果凸轮轴位置传感器发生故障,爆震控制将中止,同时发动机ECU会略微延迟点火提前角,以免发生爆震。

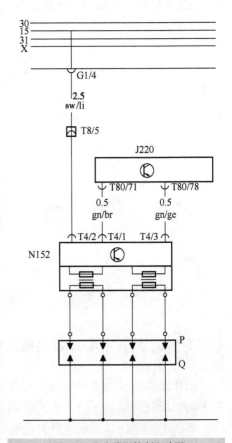

图17-3 点火线圈控制电路图

没有凸轮轴位置传感器给发动机 ECU 提供信号，发动机仍能运转或起动，只是点火和燃油喷射的精度变差。

引导问题 4　AJR 发动机点火系统的爆震传感器有何特点？

AJR 型发动机装有两个爆震传感器，两个缸共用一个传感器。爆震传感器的结构如图 17-5 所示，主要由压电元件、惯性配重、内部电极、绝缘垫圈和壳体等组成。当发动机出现爆震时，产生的压力波通过汽缸体传给爆震传感器，使作用在压电陶瓷片上的压力发生变化，产生电压信号并传输给发动机 ECU，发动机 ECU 按预定的控制顺序将点火提前角稍微推迟。随着爆燃的消失，发动机 ECU 又逐渐增大点火提前角。这样不断地往复控制，就可将点火提前角始终控制在接近爆燃的最佳范围内。

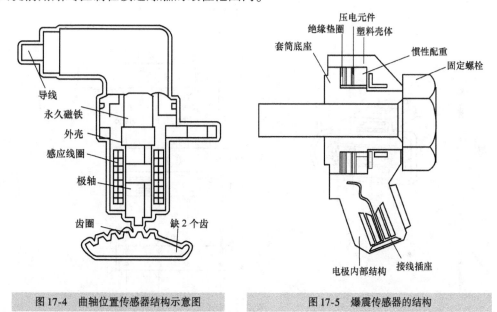

图 17-4　曲轴位置传感器结构示意图　　　图 17-5　爆震传感器的结构

发动机的爆燃极限与燃料的辛烷值、发动机的工况和工作条件等因素有关。各缸工作的爆燃强度是有变化的，发动机 ECU 能单独地对每一缸进行最佳点火提前角的控制。

二、实施作业

引导问题 5　如何检查和更换 AJR 发动机的点火线圈总成？

> 注意：在开始作业前请确认已经做好作业前的准备工作。

1 检查点火线圈搭铁电路

(1) 关闭点火开关,断开点火线圈连接器。

(2) 如图17-6所示,使用发光二极管(由1个发光二极管和串联的300Ω电阻组成)连接到蓄电池正极和N152连接器T4-4端子之间,检查二极管发光状况,并将测量结果记录在表17-1中。

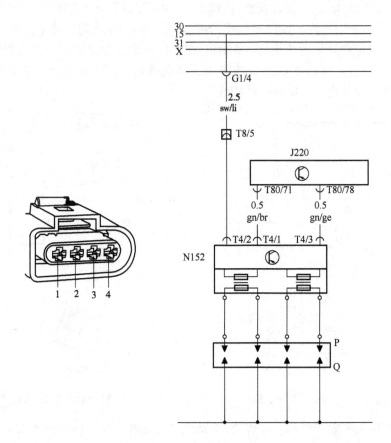

图17-6 点火线圈连接器示意图

如果发光二极管不亮,应该检查N152连接器T4-4端子与车身搭铁之间的电阻,并将测量结果记录在表17-2中。

2 检查点火线圈的电源+B

(1) 断开点火线圈连接器,点火开关置于ON位置。

(2) 如图17-6所示,使用发光二极管连接到N152连接器T4-2号端子和车身之间,检查二极管发光状况,并将测量结果记录在表17-1中。

如果发光二极管不亮,应该检查中央线路板上G1-4端子与N152连接器T4-2端子之间的电阻,并将测量结果记录在表17-2中。

项目五　电控发动机点火控制系统的检修

点火线圈线路检测记录表　　　　　　　　　　　　　　表 17-1

检查项目	二极管点亮状况(点亮/不亮)	结果分析
蓄电池正极至 N152 连接器 T4-4		
N152 连接器 T4-2 至车身搭铁		
N152 连接器 T4-1 至车身搭铁		

点火线圈线路阻值检测记录表　　　　　　　　　　　　表 17-2

检查项目	阻值测量	结果分析
N152 连接器 T4-4 至车身搭铁		
N152 连接器 T4-2 至 G1-4		
N152 连接器 T4-1 至 ECU 的 T80-71		

3　检查点火线圈工作状况

(1) 关闭点火开关,断开 4 个喷油器和 4 个点火线圈连接器。

(2) 打开点火开关,如图 17-6 所示,使用发光二极管连接到 N152 连接器 T4-1 端子和车身之间,运转发动机数秒,检查二极管发光状况,并将测量结果记录在表 17-1 中。

如果发光二极管不亮,应该检查点火线圈 N152 连接器 T4-1 端子与连接器 ECU 的 T80-71 端子之间的电阻,并将测量结果记录在表 17-2 中。

引导问题 6　如何检查和更换 AJR 发动机的曲轴位置传感器?

在开始作业前请确认已经做好作业前的准备工作。

1　曲轴位置传感器检查

(1) 关闭点火开关,断开曲轴位置传感器连接器。

(2) 如图 17-7 所示,检查曲轴位置传感器的 2 号和 3 号端子间的阻值:_____。

 小提示

曲轴位置传感器标准阻值为 480~1000Ω。如不符合标准,则需更换传感器。

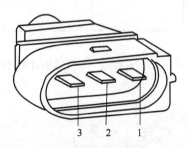

图 17-7　曲轴位置传感器端子示意图

193

2 检查曲轴位置传感器波形

请使用示波器正确测量曲轴位置传感器信号波形,并将测量结果记录在表 17-3 中。

波 形 记 录 表   表 17-3

MAP 波形(异常)	示波器正表笔连接元件端口编号: _____ 针脚号: _____ 示波器负表笔连接部位: _____	每格电压: 每格时间:
MAP 波形(正常)	示波器正表笔连接元件端口编号: _____ 针脚号: _____ 示波器负表笔连接部位: _____	每格电压: 每格时间:

引导问题 7   如何检查和更换 AJR 发动机的凸轮轴位置传感器?

注意

在开始作业前请确认已经做好作业前的准备工作。

1 检查凸轮轴位置传感器信号

如图17-8所示,使用发光二极管连接到凸轮轴位置传感器连接器G40-1和G40-3之间,发动机运行数秒,检查二极管_____(是/否)点亮。

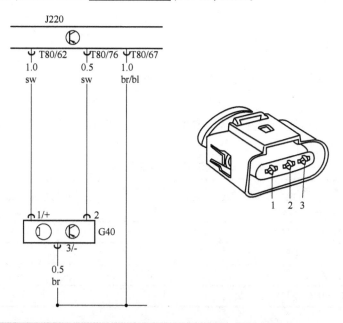

图17-8 凸轮轴位置传感器电路示意图

 小 提 示

凸轮轴位置传感器连接不断开,将二极管并联在线路中。发动机每转2周二极管闪亮1次。

2 检查凸轮轴位置传感器线路

(1)如果发光二极管不亮,关闭点火开关,断开凸轮轴位置传感器连接器。

(2)打开点火开关,如图17-8所示,检查凸轮轴位置传感器连接器G40-1和G40-3之间的电压,并将测量结果记录在表17-4中。

 小 提 示

凸轮轴位置传感器连接器1号和3号端子之间的电压应接近5V。

(3)检查凸轮轴位置传感器连接器G40-1与ECU的T80-62之间的电阻,并将测量结果记录在表17-4中。

(4)检查凸轮轴位置传感器连接器 G40-3 与 ECU 的 T80-67 之间的电阻,并将测量结果记录在表 17-4 中。

(5)检查凸轮轴位置传感器连接器 G40-2 和 G40-3 之间的电压,并将测量结果记录在表 17-4 中。

凸轮轴位置传感器连接器 2 号和 3 号端子之间的电压应接近 12V。

(6)检查凸轮轴位置传感器连接器 G40-2 与 ECU 的 T80-76 之间的电阻,并将测量结果记录在表 17-4 中。

凸轮轴位置传感器检测记录表　　　　　　　　　　表 17-4

检查项目	检查结果	结果分析
G40-1 至 G40-3(电压)		
G40-1 至 T80-62(电阻)		
G40-3 至 T80-67(电阻)		
G40-2 至 G40-3(电压)		
G40-2 至 T80-76(电阻)		

引导问题8　如何检查 AJR 发动机的爆震传感器?

在开始作业前请确认已经做好作业前的准备工作。

(1)如图 17-9 所示,断开爆震传感器连接器,检查爆震传感器 1 号和 2 号端子之间的阻值,并将测量结果记录在表 17-5 中。

(2)检查爆震传感器 1 号和 3 号端子之间的阻值,并将测量结果记录在表 17-5 中。

(3)检查爆震传感器 2 号和 3 号端子之间的阻值,并将测量结果记录在表 17-5 中。

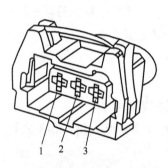

图 17-9　爆震传感器端子示意图

爆震传感器检测记录表　　　　　　　　　　表 17-5

检查项目	检查结果	结果分析
传感器 1 号至 2 号端子(电阻)		
传感器 1 号至 3 号端子(电阻)		
传感器 2 号至 3 号端子(电阻)		

项目五 电控发动机点火控制系统的检修

三 评价与反馈

请完成评价反馈表(表17-6)。

评 价 反 馈 表　　　　　　　　　表17-6

请根据你自己在工作中和课堂上的表现,对自己进行客观的评价,看看你能获得几颗星?

评价项目	5颗星	3颗星	1颗星	评价结果
知识掌握情况	掌握相关理论知识,并能运用到实际操作中,学习任务完成良好	基本能够理解相关理论知识,能够完成相应工作	对相关理论知识不明白,不能或者难以完成相应的工作	
动手实践情况	积极参加,做好安全保护工作,注重工作质量	会动手实践,安全保护措施到位,工作质量较好	出现安全隐患,不知道如何动手实践	
小组合作情况	与小组成员配合工作很愉快	与小组其他同学配合工作交流较少	没有与其他同学进行交流	
6S执行情况	值日认真,服从指挥,工位、工装整洁,职业形象好	值日较认真,出现迟到或其他违纪情况	出现忘记值日,工位或工装不整洁的情况	
哪些方面需要改进				
教师点评				
学生姓名		小组长签名		
教师签名		日期		

项目六

电控发动机排放控制系统的检修

 项目描述

本项目通过对氧传感器、曲轴箱强制通风(PCV)系统、燃油蒸发控制(EVAP)系统的介绍,认识排放控制各种系统的组成和工作原理,了解氧传感器的结构、工作原理以及检测方法。通过完成两个学习任务,掌握发动机排放控制系统的基本组成、结构和工作原理,同时掌握排放控制系统检修的基本要求和规范。

学习任务十八　氧传感器的检测

学习目标

◎ **知识目标**
(1)能够叙述三元催化转换器的结构和工作原理。
(2)能够叙述氧传感器的功用、结构和工作原理。
(3)能够看懂氧传感器的控制电路图。

◎ **技能目标**
(1)能熟练使用各种测量工具,正确检测氧传感器。
(2)能够正确使用维修资料、正确读取故障码和数据流等。
(3)能够学会使用示波器检测传感器的波形。

◎ **素养目标**
(1)能够制订详细的工作计划,并独立完成工作任务。
(2)能够在整个工作过程中,与小组其他成员合作、交流并进行任务分工。
(3)养成服从管理,规范作业的良好工作习惯。
(4)培养团队合作意识和安全工作的习惯。

项目六 电控发动机排放控制系统的检修

 建议完成本学习任务的时间为 **4 课时**。

 学习任务描述

一辆卡罗拉1.6L轿车,车主反映:油耗过高,尾气排放超标。需要你对氧传感器进行检测,确认故障部位并进行维修。

 学习内容

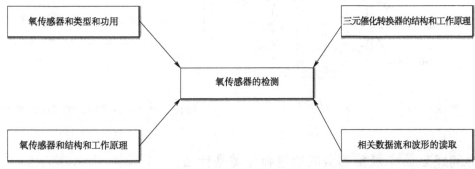

 注意事项

(1) 在工作过程中要注意人身安全,认真执行6S管理。
(2) 在工作过程中请根据操作步骤,规范操作,防止损坏设备和器材。
(3) 严格按照工作要求正确使用仪器设备,出现问题及时报告,服从管理。

 资料收集

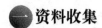 **三元催化转换器的功用、结构和工作原理是什么?**

汽车上的三元催化转换器简称TWC装置,是安装在汽车系统中最重要的废气进化装置,它可对汽车尾气中HC和CO进行氧化,同时对NO_x进行还原,将有害的HC、CO、NO_x净化为无害的H_2O、CO_2和N_2。

整体式三元催化转换器的结构如图18-1所示,主要由外壳、线网、托架和整体式载体等组成。三元催化器的载体部件是一块多孔陶瓷材料,它自身并不参加催化反应,而是在载体上涂有铂、钯或铑等贵重金属作为反应催化剂。废气中的有害物质通过多孔陶瓷材料被催化反应,把HC、CO转变成H_2O和CO_2,同时把NO_x分解成N_2和O_2,进而达到净化目的。

当空燃比维持在14.7附近,上下浮动0.3%时,三元催化转换器的转换效率最高,可达到90%以上,如图18-2所示。当混合气变浓时,HC、CO含量将增多,使净化装置的转换效率降低;当混合气变稀时,NO_x排量也会增加,也使净化效率下降。

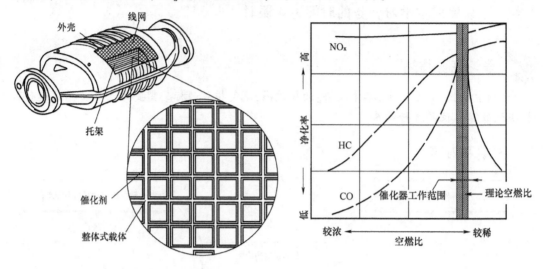

图 18-1 整体式三元催化转换器的结构　　图 18-2 空燃比与三元催化转换效率的关系

引导问题2　氧传感器的功用和分类是什么?

氧传感器的功用是通过监测排气中氧离子的含量来获得混合气的空燃比信号,将该信号转化成电信号输入 ECU。电子燃油喷射(EFI)系统进行反馈控制的传感器,安装在排气管上,反馈控制也称闭环控制。ECU 根据氧传感器信号,对喷油时间进行修正,实现空燃比反馈控制,从而将过量空气系数(λ)控制在 0.98～1.02 之间的范围内(空燃比 A/F 约为 14.7),使发动机得到最佳浓度的混合气,从而达到降低有害气体排放量和提高燃油经济性的目的。

汽车发动机电子燃油喷射系统采用的氧传感器主要分为氧化锆(ZrO_2)式和氧化钛(TiO_2)式两种类型。氧化锆式又分为加热型和非加热型氧传感器两种,氧化钛式一般都是加热型传感器。

引导问题3　氧传感器的结构和工作原理是怎样的?

1 氧化锆式氧传感器

氧化锆(ZrO_2)式氧传感器结构如图 18-3 所示,主要由二氧化锆元件、钢制保护套、钢制壳体、铂电极、加热棒和防水护套等组成。

氧传感器是根据固态电解质的氧浓度差原电池原理制成的。发动机工作时,陶瓷锆管的内表面与外界大气相通,外表面被尾气管中排放的废气包围。两边的氧含量浓度有差异,这样在温度较高时,锆管内、外表面上存在氧浓度差,氧被电离,内表面带负电荷的氧离子从大气一侧向尾气一侧扩散,结果锆管(固体电解质)形成了一个原电池,在锆管铂极间产生电压。

项目六 电控发动机排放控制系统的检修

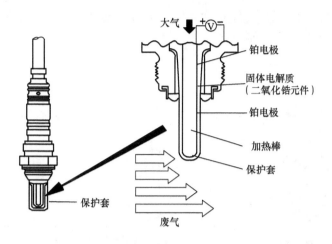

图18-3 氧化锆式氧传感器的结构

当混合气浓时,排气中氧含量少,在锆管外表面的铂电极的催化作用下,废气与氧发生反应,消耗废气中残余的氧,使锆管外表面氧浓度变成零。这样锆管内、外两侧的氧浓度差突然增大,两极间产生的电压也增大。当混合气稀时,排气中氧含量多,两侧氧浓度差小,产生的电压小。氧传感器产生的电压在过量空气系数 $\lambda=1$ 时产生急剧变化。因此,氧传感器又称为"空燃比传感器"。当 $\lambda>1$ 时,氧传感器输出电压几乎为零;当 $\lambda<1$ 时,氧传感器输出电压接近1V,如图18-4所示。在发动机混合气闭环控制过程中,氧传感器相当于一个浓度开关,根据混合气空燃比的变化向ECU输入宽度变化的电脉冲信号,ECU根据氧传感器反馈信号,控制喷油量,使排气中有害气体的成分减到最少。

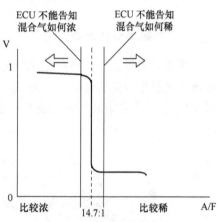

图18-4 氧传感器输出电压与A/F的关系

2 氧化钛式氧传感器

二氧化钛(TiO_2)属于N型半导体材料,其阻值大小取决于材料温度以及周围环境中氧离子的浓度,因此可以用来检测排气中的氧离子浓度。而二氧化钛式氧传感器和氧化锆式氧传感器的主要区别在于,氧化锆式氧传感器是将废气中的氧分子含量的变化转换成电压的变化,而二氧化钛式氧传感器则是将废气中的氧分子含量的变化转换成传感器电阻的变化。二氧化钛式氧传感器结构如图18-5所示,主要由二氧化钛传感元件、钢制壳体、加热元件和电极引线等组成。

由于二氧化钛半导体材料的电阻具有随尾气中氧离子浓度的变化而变化的特性,当发动机可燃混合气浓度较浓(空燃比小于14.7)时,排气中氧离子含量较小,氧化钛管外表面氧离子很少或没有氧离子,这样,二氧化钛呈现低阻状态,如图18-6所示。当发动机混合气浓度较稀(空燃比大于14.7)时,排气中氧离子含量较多,氧化钛管外表面氧离子浓度较大,二氧化钛呈现高阻状态。因此,氧化钛式氧传感器的电阻将在混合气空燃比约为 14.7(过量空气系数约为 1)时产生急剧变化。

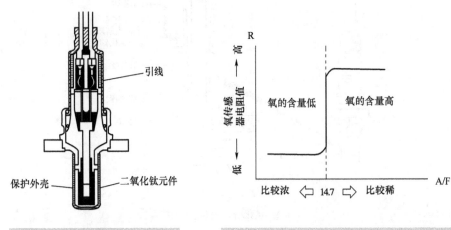

图 18-5 氧化钛式氧传感器的结构　　　图 18-6 氧传感器输出电压与 A/F 的关系

3 宽量程氧传感器

宽量程氧传感器安装在三元催化转换器前,能在较宽的空燃比范围内检测尾气中的氧浓度。宽量程氧传感器结构如图 18-7 所示,主要由单元泵、能托斯单元、λ 传感器加热器、外界空气通道、测量室和放氧通道等组成。

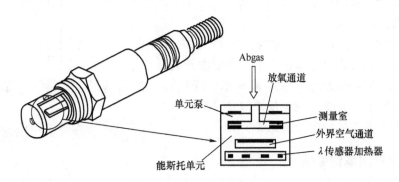

图 18-7 宽量程氧传感器的结构

宽量程氧传感器的功用是感知通过扩散小孔进入扩散室的废气中的氧浓度,并在内、外两电极之间产生电动势 U。氧化锆泵电池则相当于一个氧气泵,通过给其输入泵电流,将废气中的氧"泵入"扩散室,或将扩散室中的氧"泵出"。控制单元的功用则是使扩散室内的氧浓度保持不变,即保持氧化锆参考电池产生的电动势 U 为 0.45V 的平衡状态,如图 18-8 所示。

当混合气较浓时,废气中的氧浓度较少,氧化锆参考电池将产生高于 0.45V 的电动势,单元泵以原来的工作电流工作,泵入测量室的氧量少。此时控制单元泵的工作电流,使单元泵旋转速度增加,增加泵氧速度,单元泵泵入测量室中的氧量增加,使 λ 电压值恢复到 450mV。工作过程如图 18-9 所示。

项目六 电控发动机排放控制系统的检修

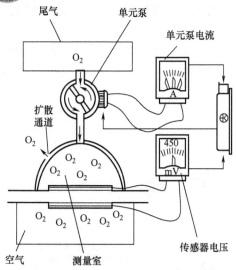

图18-8 宽量程氧传感器的工作原理

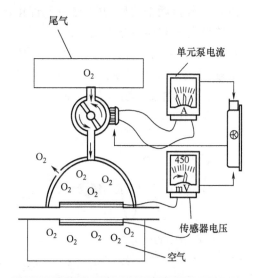

图18-9 混合气较浓时宽量程氧传感器的工作过程

当混合气较稀时,废气中的氧浓度较大,泵在原来的转速下会泵入较多的氧,测量室中氧的含量较多,λ 电压下降,增大喷油量,同时减少单元泵的工作电流。为能使 λ 电压尽快恢复到450mV的电压值,减小单元泵的工作电流,使泵入测量室的样量减少。单元泵的工作电流传递给控制单元,控制单元将其转换成电压信号。工作过程如图18-10所示。

引导问题4 前、后双氧传感器的功用是什么?

电控发动机的自诊断系统为了检测三元催化转换器的转换效率,一般在尾气管上安装两个氧传感器。如图18-11所示,在三元催化转换器前装有一个氧传感器,称为前氧传感器或上游氧传感器;在三元催化转换器后装有另外一个氧传感器,称为后氧传感器或下游氧传感器。

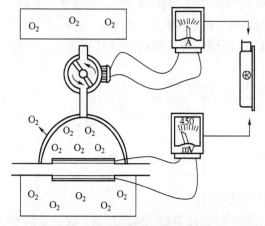

图18-10 混合气较稀时宽量程氧传感器的工作过程

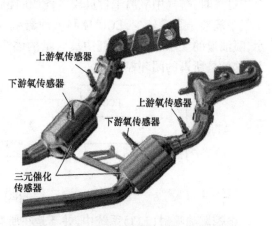

图18-11 前、后双氧传感器安装示意图

前、后双氧传感器的功用是监测三元催化转换器的转换效率,前氧传感器向ECU输送三元催化转换器处理前的空燃比信息,后氧传感器向ECU输送三元催化转换器处理后的信

息。ECU 比较这两个信号,并判断三元催化转换器的效率和储氧能力。正常工作期间,三元催化转换器需要储存和释放氧气。

如图 18-12 所示,如果三元催化转换器工作正常,后氧传感器的波形变化频率比前氧传感器缓慢,在浓与稀之间变化。如果三元催化转换器工作不正常,后氧传感器的波形变化频率与前氧传感器相似,在浓与稀之间快速变化。

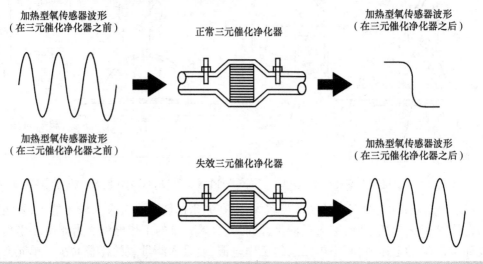

图 18-12　前、后氧传感器的波形变化

引导问题 5　　空燃比反馈控制是如何进行控制的?

空燃比反馈控制由氧传感器测量排气中剩余氧离子含量,间接测量瞬时的发动机混合气浓度,并将检测结果转变成为电信号输送给 ECU,与设定的目标空燃比进行比较,ECU 再根据比较结果控制喷油量增加或减少,从而将空燃比控制在设定的目标空燃比附近。当混合气过稀时,排气中氧离子含量较多,ECU 控制喷油器增加喷油量;反之,当混合气过浓时,排气中氧离子含量较少,ECU 控制喷油器减少喷油量,如此循环进行控制。如图 18-13 所示,喷油量的大小取决于废气中氧含量的多少,ECU 根据氧传感器的信号对喷油量进行调节,这就是所谓的闭环控制。

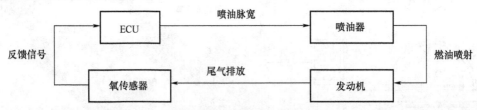

图 18-13　空燃比反馈控制示意图

电控燃油喷射(EFI)系统中,并不是在所有工况下都进行空燃比闭环控制。在发动机起动、怠速、暖机、加速、全负荷、减速断油等工况下,发动机不可能以理论空燃比工作,则需采用开环控制方式。此外,当加热型氧传感器温度在工作温度以下或氧传感器控制电路发生故障时,空燃比控制方式也只能采用开环控制。

项目六 电控发动机排放控制系统的检修

实施作业

引导问题 6 如何根据维修手册对氧传感器进行规范的检测?

在开始作业前请确认已经做好作业前的准备工作。

卡罗拉 1ZR 发动机安装有两个氧传感器,加热型氧传感器 S1 安装在三元催化转化器前面,靠近发动机总成,其控制原理如图 18-14 所示。蓄电池通过 EFI 继电器,经过 EFI No.2 熔断丝,将 12V 电源送到氧传感器 B15-2 的 +B 端子,通过氧传感器 B15-1 的 HT1A 端子送入 ECU 的 B31-109 端子内部搭铁,对氧传感器进行加热。同时,氧传感器将 OX1A 信号通过

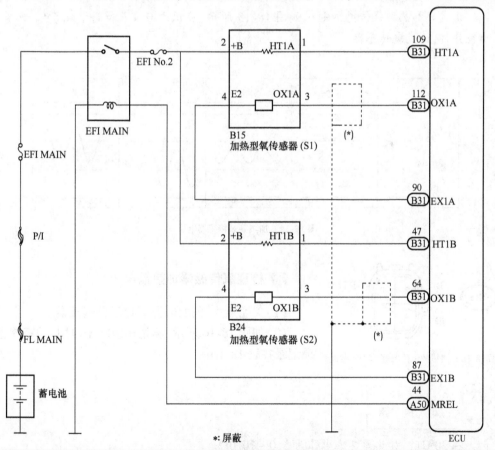

图 18-14 氧传感器的控制原理示意图

B15-3 端子发送给 ECU 的 B31-112 端子,通过 B15-4 的 E2 端子与 ECU 的 B31-90 端子搭铁。

当空燃比变稀时,废气中氧浓度变浓。加热型氧传感器会告知 ECU 空燃比过小,输出电压低于 0.45V。相反,当空燃比比理论空燃比大时,废气中氧浓度变稀。加热型氧传感器会告知 ECU 空燃比过大,输出电压高于 0.45V。当空燃比接近理论空燃比时,加热型氧传感器的输出电压会急剧变化。

1 读取故障代码,检查动态数据流

(1)连接检测设备,打开点火开关,读取故障码:_____。

(2)做基本检查,记录检查结果:_____。

(3)清除故障码,再次读取故障码:_____。

(4)使发动机在 2500r/min 转速下运行 90s。在急速运转时,记录加热型氧传感器电压值(O2S B1 S1)数据:_____。

> **小提示**
>
> 正常的加热型氧传感器电压如图 18-15 所示,应低于 0.4V 和高于 0.5V。如果出现异常,检查氧传感器。

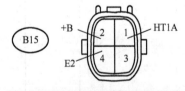

图 18-15 加热型氧传感器电压

图 18-16 加热型氧传感器端子示意图

2 检查氧传感器加热器电阻

(1)关闭点火开关,断开氧传感器连接器。

(2)如图 18-16 所示,测量相应端子电阻,并将测量结果记录在表 18-1 中。

> **小提示**
>
> 在 20℃时,加热器标准电阻为 5.0~10.0Ω。

氧传感器电阻检测记录表　　　　　　　　表 18-1

端　子	测量结果	结果分析
B15-1(HT1A)至 B15-2(+B)		
B15-1(HT1A)至 B15-4(E2)		

3 检查氧传感器电源(+B)

(1)断开氧传感器连接器,将点火开关置于 ON 位置。
(2)测量电压:_____。

小　提　示

标准电压为 9~14V。如果不符合标准,则需要检查 EFI No.2 熔断丝是否熔断。

4 检查氧传感器至 ECU 线路

(1)关闭点火开关,断开蓄电池负极,断开氧传感器连接器,断开 ECU 连接器。
(2)测量相应端子电阻,并将测量结果记录在表 18-2 中。

氧传感器线路检测记录表　　　　　　　　表 18-2

端　子	测量结果	结果分析
B15-1(HT1A)至 B31-109(HT1A)		
B15-3(OX1A)至 B31-112(OX1A)		
B15-4(E2)至 B31-90(EX1A)		
B15-1(HT1A)或 B31-109(HT1A)至车身搭铁		
B15-3(OX1A)或 B31-112(OX1A)至车身搭铁		
B15-4(E2)或 B31-90(EX1A)至车身搭铁		

引导问题7 如何使用示波器对氧传感器波形进行检测?

ECU 利用来自氧传感器的补充信息,来判断空燃比是大还是小,并不断调整燃油喷射的时间。氧传感器预热后,保持发动机转速 2500 r/min转动 2min。氧传感器在 OX1A 和 EX1A 之间输出的波形如图 18-17 所示。

请使用示波器正确测量凸轮轴位置传感器信号波形,并将测量结果记录在表 18-3 中。

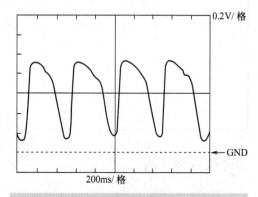

图 18-17　加热型氧传感器波形示意图

波 形 记 录 表 表18-3

		每格电压：　　　　每格时间：
MAP波形（异常）	示波器正表笔连接元件端口编号： _____ 针脚号： _____ 示波器负表笔连接部位： _____	
MAP波形（正常）	示波器正表笔连接元件端口编号： _____ 针脚号： _____ 示波器负表笔连接部位： _____	每格电压：　　　　每格时间：

三 评价与反馈

请完成评价反馈表（表18-4）。

项目六 电控发动机排放控制系统的检修

评 价 反 馈 表　　　　　　　　　表18-4

请根据你自己在工作中和课堂上的表现,对自己进行客观的评价,看看你能获得几颗星?

评价项目	5颗星	3颗星	1颗星	评价结果
知识掌握情况	掌握相关理论知识,并能运用到实际操作中,学习任务完成良好	基本能够理解相关理论知识,能够完成相应工作	对相关理论知识不明白,不能或者难以完成相应的工作	
动手实践情况	积极参加,做好安全保护工作,注重工作质量	会动手实践,安全保护措施到位,工作质量较好	出现安全隐患,不知道如何动手实践	
小组合作情况	与小组成员配合工作很愉快	与小组其他同学配合工作交流较少	没有与其他同学进行交流	
6S执行情况	值日认真,服从指挥,工位、工装整洁,职业形象好	值日较认真,出现迟到或其他违纪情况	出现忘记值日,工位或工装不整洁的情况	
哪些方面需要改进				
教师点评				
学生姓名		小组长签名		
教师签名		日期		

四 学习拓展

1. 请查阅资料,简要阐述普通氧传感器和宽量程氧传感器有什么区别。

2. 请简要阐述氧传感器出现故障,将会给发动机造成怎样的影响。

学习任务十九　曲轴箱强制通风系统和燃油蒸发控制系统的检测

◎ **知识目标**
(1) 能够叙述汽车排放出废气的主要成分与成因。
(2) 能够叙述曲轴箱强制通风(PCV)系统的结构和工作原理。
(3) 能够叙述燃油蒸发控制(EVAP)系统的结构和工作原理。

◎ **技能目标**
(1) 能够正确使用维修资料,正确检查曲轴箱强制通风PCV阀。
(2) 能够正确使用维修资料,正确检查燃油蒸发控制(EVAP)系统。

◎ **素养目标**
(1) 能够制订详细的工作计划,并独立完成工作任务。
(2) 能够在整个工作过程中,与小组其他成员合作、交流并进行任务分工。
(3) 养成服从管理,规范作业的良好工作习惯。
(4) 培养团队合作意识和安全工作的习惯。

建议完成本学习任务的时间为 4 课时。

学习任务描述

一辆卡罗拉1.6L轿车,在车辆定期维护时,需要你对曲轴箱强制通风系统和燃油蒸发控制系统进行检查,如发现故障需要进行维修或更换。

学习内容

注意事项

(1) 在工作过程中要注意人身安全,认真执行6S管理。
(2) 在工作过程中请根据操作步骤,规范操作,防止损坏设备和器材。
(3) 严格按照工作要求正确使用仪器设备,出现问题及时报告,服从管理。

一、资料收集

引导问题1 汽车排放的大气污染物有哪些?减少污染物排放的措施有哪些?

大气污染物主要来自燃油箱中的燃油蒸汽、从汽缸壁和活塞之间窜漏的混合气以及危害最大的排气管排出的发动机废气。

这些气体对环境和人体都是有害的,主要包括:一氧化碳(CO)、碳氢化合物(HC)、氮氧化物(NO_x),如图19-1所示。其中,CO是燃烧过程中的产物,主要是由于空燃比不适当而造成的;HC主要来自燃烧室内的未燃烧的汽油,也有一部分来自燃油蒸发;NO_x是在燃烧室内高温条件下由氮和氧化合而成的产物。

目前,汽车上使用的排放控制系统有:三元催化转换器、曲轴箱强制通风(PCV)系统、燃油蒸发控制(EVAP)系统、废气再循环(EGR)系统和二次空气喷射系统等。

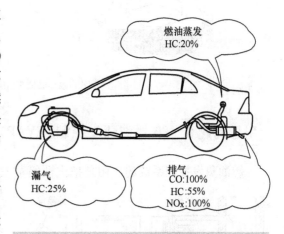

图19-1 汽车排放的大气污染物

引导问题2 曲轴箱强制通风(PCV)系统的功用、结构和工作原理是什么?

发动机在燃烧过程中,未燃烧气体和燃烧产物通过活塞环窜入曲轴箱。其中大部分是未燃烧气体,还有小部分是水蒸气和酸性物质。这些物质将直接接触发动机机油,造成机油污染,影响润滑、加剧发动机零部件磨损和腐蚀。

曲轴箱强制通风(PCV)系统的主要作用是利用发动机的真空度将新鲜空气送入曲轴箱,同时将窜入曲轴箱的气体重新导入进气系统继续燃烧,避免曲轴箱的窜漏气体被排放到大气中。

目前,几乎所有的汽油发动机都配备有闭式曲轴箱强制通风系统,主要由曲轴箱强制通风管、曲轴箱、PCV阀和进气歧管等组成,如图19-2所示。发动机运转时,进气歧管真空度出现在PCV阀处。在真空作用下,空气由空气滤清器通过曲轴箱通风管进入气门室罩内,并流过汽缸盖上的孔后流入曲轴箱内,与曲轴箱内的窜气相混合。混合后的气体向上流过汽缸盖上的孔到达气门室罩内,然后经过 PCV 阀。当 PCV 阀打开时,混合气流入进气歧管,重新进入汽缸进行燃烧。

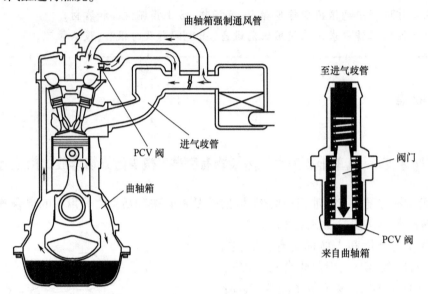

图 19-2 曲轴箱强制通风系统的组成

引导问题3　燃油蒸发控制(EVAP)系统的功用、结构和工作原理是什么?

燃油蒸发控制系统的功用是把汽油箱蒸发出来的汽油蒸汽收集起来,再送入发动机内燃烧的控制系统,防止油箱蒸发的汽油蒸汽直接散入大气造成污染。主要利用活性炭吸附原理,在汽油蒸汽散入大气之前采用活性炭加以吸附。当发动机工作时,根据各种运行工况,由控制阀的开启来控制汽油蒸汽,活性炭罐内的蒸汽再次分离出来,送入发动机内燃烧。

燃油蒸发控制系统有两种控制方式,主要分为真空控制式和电子控制式。电子控制式燃油蒸发控制系统主要由汽油箱、活性炭罐、电磁阀、ECU 及相应的蒸汽管道和真空软管等组成,如图 19-3 所示。

当燃油箱内产生的蒸汽开启活性炭罐的止回阀,流入炭罐内。活性炭吸附炭罐内的蒸发气体。在发动机运转时,被吸收的蒸汽又经过炭罐电磁阀,从节气门体的净化孔吸

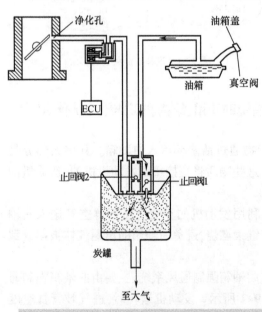

图 19-3 燃油蒸发控制系统的组成

入汽缸中燃烧。其中炭罐电磁阀由发动机 ECU 控制,根据发动机不同工况,ECU 发出占空比信号,控制电磁阀开度,进而控制蒸汽的流量。

二、实施作业

 如何检查 1ZR 发动机曲轴箱强制通风(PCV)系统?

 注意

在开始作业前请确认已经做好作业前的准备工作。

1 拆卸 PCV 阀分总成

如图 19-4 所示,使用 22mm 球节锁紧螺母扳手,拆下 PCV 阀分总成。

2 检查 PCV 阀分总成

(1)将一根洁净的软管安装到 PCV 阀上。
(2)如图 19-5 所示,向汽缸盖侧吹入空气,检查 PCV 阀的工作情况,并将检查结果记录在表 19-1 中。

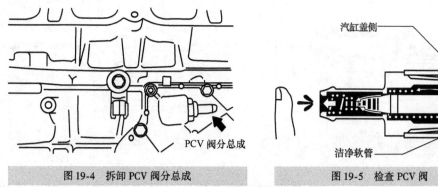

图 19-4 拆卸 PCV 阀分总成   图 19-5 检查 PCV 阀

PCV 阀检查记录表   表 19-1

检查项目	检查结果(空气畅通/空气困难)
向汽缸盖侧吹入空气	
向进气歧管侧吹入空气	

 **小提示**

不要通过阀吸入空气,因为阀内的汽油物质有害人的健康。

(3)如图19-6所示,向进气歧管侧吹入空气,检查PCV阀的工作情况,并将检查结果记录在表19-1中。

如果不符合标准,则需更换PCV阀。

(4)从PCV阀上拆下软管。

3 安装PCV阀分总成

(1)在PCV阀总成的2或3个螺纹上涂抹黏合剂。
(2)如图19-7所示,使用球节锁紧螺母扳手安装PCV阀分总成。

不使用球节锁紧螺母扳手,标准扭矩为20N·m;使用球节锁紧螺母扳手,标准扭矩为13N·m。

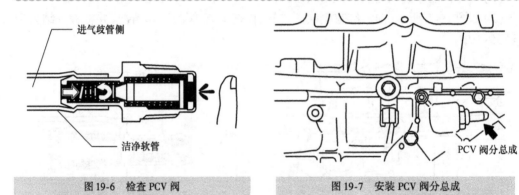

图19-6 检查PCV阀　　　　　图19-7 安装PCV阀分总成

引导问题5 如何对1ZR发动燃油蒸发控制(EVAP)系统进行就车检查?

在开始作业前请确认已经做好作业前的准备工作。

丰田1ZR发动机的燃油蒸发控制系统主要由燃油箱、燃油箱加注口盖、炭罐、切断阀和VSV阀等组成,如图19-8所示。

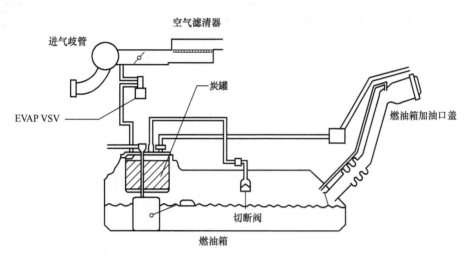

图19-8　丰田1ZR发动机的燃油蒸发控制系统的组成

1 检查空燃比补偿系统

(1) 连接诊断仪,读取并记录动态数据。
AFS B1 S1:_____。O2S B1 S1:_____。
(2) 起动发动机,保持2500r/min转速预热空燃比传感器约2min。
(3) 保持发动机2500r/min转速,检查AFS B1 S1的波形,将测量波形记录在表19-2中。

小提示

AFS B1 S1的标准波形如图19-9所示,测量的波形会与其稍有不同。

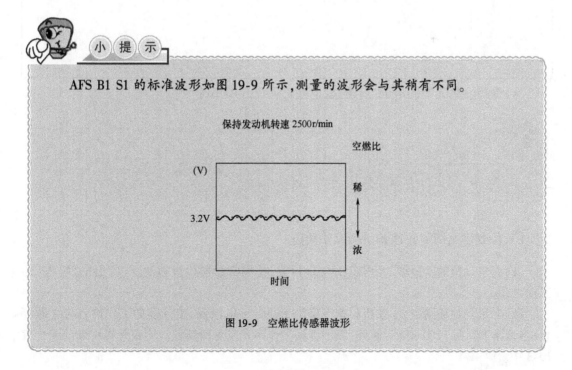

图19-9　空燃比传感器波形

作业记录表   表19-2

作业项目	作业内容	备注
正确连接示波器表笔,测量传感器波形	(1)正表笔连接_____端子,负表笔连接_____。 (2)起动发动机,调整示波器幅值和频率周期,使波形显示在仪器中间位置,并画下波形。 （波形图） (3)检测结果分析	注意:正、负表笔不能碰在一起,正确连接好示波器和测试元件再起动发动机

(4)保持发动机 2500r/min 转速,检查并记录 O2S B1 S1：_____。

O2S B1 S1 标准数据应在 0～1V 之间变化。

2 检查燃油切断转速和重新起动转速

(1)将发动机的转速增加到 2500r/min 以上,使用听诊器检查喷油器,应出现"嗒嗒"的工作声音。

(2)当松开加速踏板,发动机转速下降到 2500 r/min 瞬间,喷油器的工作声音应立即停止;当转速下降到 1200 r/min 瞬间,喷油器的工作声音应立即恢复。检查并将结果记录在表 19-3 中。

燃油切断转速和重新起动转速检查记录表　　　　　　　表 19-3

发动机转速	喷油器工作声音
2500r/min 以上	
2500r/min 瞬间	
1200r/min 瞬间	

3 目视检查

如图 19-10 箭头所示,检查软管连接情况、软管是否有裂纹,管路是否有泄漏,衬垫是否有损坏等,并将检查结果记录在表 19-4 中。

目视检查记录表　　　　　　　表 19-4

检查项目	检查结果
软管连接是否良好	
软管是否有裂纹、老化	
管路是否有泄漏	
衬垫是否损坏	

4 检查燃油蒸发控制系统

(1)起动发动机,如图 19-11 所示,断开真空软管。

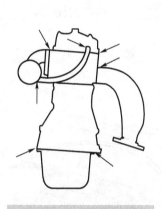
图 19-10　EVAP 系统目视检查

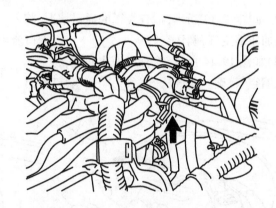
图 19-11　断开 VSV 阀真空管

(2)连接检测仪,选择主动测试(Active Test)菜单,选择 Activate the VSV for EVAP Control。

(3)当 VSV 打开,断开的真空软管对手指有吸力。当 VSV 关闭,断开的真空软管对手指无吸力。检查并将结果记录在表 19-5 中。

VSV 主动测试记录表　　　　　　　表 19-5

主动测试项目	测试结果
打开 VSV	
关闭 VSV	

(4)退出主动测试模式,重新连接真空软管。

5 检查炭罐

(1)如图 19-12 所示,断开 1、2 号燃油蒸发管,断开 1 号炭罐出口软管。

断开管路前要将燃油系统卸压,断开蓄电池负极,断开燃油箱主管分总成。

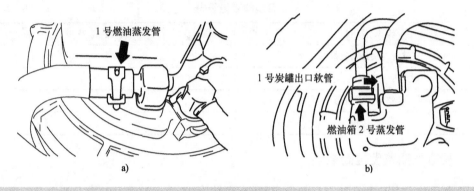

图 19-12　炭罐连接管路

(2)如图 19-13 所示,检查炭罐的通风情况,将_____端口关闭,向_____端口施加压缩空气,确认空气从_____端口流出。

(3)如图 19-14 所示,检查炭罐止回阀,将_____端口关闭,向_____端口施加压缩空气,确认空气从_____端口流出。

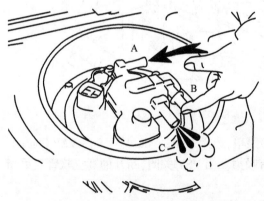

图 19-13　检查炭罐的通风情况

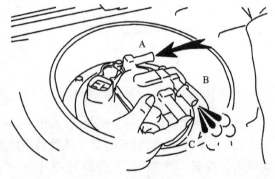

图 19-14　检查止回阀

(4)如图 19-15 所示,将_____端口关闭,使用真空泵向_____端口施加真空,保持真空后,观察真空度_____。

项目六　电控发动机排放控制系统的检修

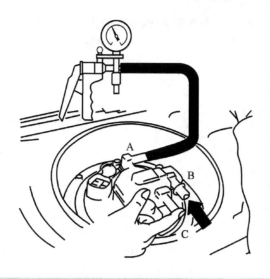

图 19-15　检查真空度

引导问题 6　如何对 1ZR 发动燃油蒸发控制系统清污控制阀电路进行检查？

在开始作业前请确认已经做好作业前的准备工作。

1ZR 发动机燃油蒸发控制系统清污控制阀电路原理如图 19-16 所示，B19-2 端子是 VSV 阀的电源，由 EFI MAIN 继电器控制，经过 EFI No.2 熔断丝提供蓄电池电压。再由清污阀 VSV 的 B19-1 端子送入 B31-4 端子，由 ECU 控制 PRG 信号搭铁。

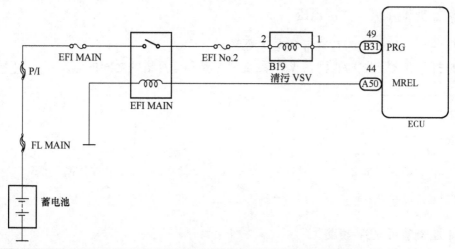

图 19-16　1ZR 发动机燃油蒸发控制系统清污控制阀电路原理图

发动机暖机后,ECU 改变向清污 VSV 阀发送的占空比信号,以使进气量与发动机负载、发动机转速、车速等状态相适应。当 VSV 阀损坏、VSV 电路出现断路或短路时,ECU 将会存储 P0443 故障。

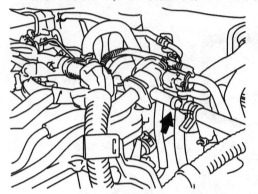

图 19-17　断开 VSV 阀真空管

1　激活清污 VSV 控制检查

(1)起动发动机,如图 19-17 所示,断开真空软管。

(2)连接检测仪,选择主动测试(Active Test)菜单,选择 Activate the VSV for EVAP Control。

(3)VSV 打开,断开的真空软管对手指＿＿＿＿(有/无)吸力。VSV 关闭,断开的真空软管对手指＿＿＿＿(有/无)吸力。说明:＿＿＿＿。

(4)退出主动测试模式,重新连接真空软管。

2　检查清污 VSV

(1)关闭点火开关,断开清污 VSV 连接器。

(2)如图 19-18 所示,检查清污 VSV 的 1 号和 2 号端子间电阻:＿＿＿＿。

说明:＿＿＿＿。

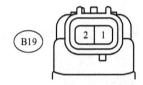

图 19-18　检查清污 VSV 电阻

 小提示

在 20℃时,标准电阻为 23～26Ω。如果不符合标准,则需更换清污 VSV。

3　检查清污 VSV 电源电压

(1)关闭点火开关,断开清污 VSV 连接器。

(2)打开点火开关,检查清污 VSV 的 2 号端子和车身搭铁之间的电压:＿＿＿＿。说明:＿＿＿＿。

 小提示

清污 VSV 标准电压为 9～14V。如果不符合标准,则需更检查 EFI No.2 熔断丝阻值:＿＿＿＿。

4　检查清污 VSV 线路

(1)关闭点火开关,断开蓄电池负极,断开清污 VSV 连接器,断开 ECU 连接器。

(2)测量电阻,并将测量结果记录在表19-6中。

VSV 线路检测记录表　　　　　　　　　　　　　　　表 19-6

端　子	测量结果	结果分析
B19-2 至 B31-49(PRG)		
B19-2 或 B31-49(PRG)至车身搭铁		

三　评价与反馈

请完成评价反馈表(表 19-7)。

评 价 反 馈 表　　　　　　　　　　　　　　　　表 19-7

请根据你自己在工作中和课堂上的表现,对自己进行客观的评价,看看你能获得几颗星?

评价项目	5 颗星	3 颗星	1 颗星	评价结果
知识掌握情况	掌握相关理论知识,并能运用到实际操作中,学习任务完成良好	基本能够理解相关理论知识,能够完成相应工作	对相关理论知识不明白,不能或者难以完成相应的工作	
动手实践情况	积极参加,做好安全保护工作,注重工作质量	会动手实践,安全保护措施到位,工作质量较好	出现安全隐患,不知道如何动手实践	
小组合作情况	与小组成员配合工作很愉快	与小组其他同学配合工作交流较少	没有与其他同学进行交流	
6S 执行情况	值日认真,服从指挥,工位、工装整洁,职业形象好	值日较认真,出现迟到或其他违纪情况	出现忘记值日,工位或工装不整洁的情况	
哪些方面需要改进				
教师点评				
学生姓名		小组长签名		
教师签名		日期		

四　学习拓展

1. 请简要阐述 5A-FE 发动机曲轴箱强制通风(PCV)系统的检查方法。

2. 请根据图 19-19 所示的凯越轿车 EVAP 系统的控制电路图，并结合实车说明炭罐电磁阀的工作原理。

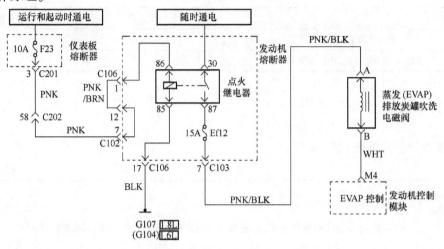

图 19-19　凯越轿车 EVAP 系统炭罐电磁阀控制原理图

参 考 文 献

[1] 丰田汽车公司.汽车维修教程[M].北京:高等教育出版社,2006.
[2] 中国汽车维修行业协会.发动机与底盘检修技术[M].北京:人民交通出版社,2008.
[3] 解福泉.电控发动机维修[M].北京:高等教育出版社,2007.
[4] 陈高路.汽车发动机控制系统检测与维修工作页[M].2版.北京:人民交通出版社,2013.
[5] 曹红兵.汽车发动机电控技术原理与维修[M].北京:机械工业出版社,2008.
[6] 杨智勇,代中利.汽车发动机电控维修数据手册[M].北京:机械工业出版社,2008.
[7] 杨洪庆.汽车发动机电控技术[M].北京:中国人民大学出版社,2009.
[8] 一汽丰田汽车销售有限公司.ZRE151,152系列维修手册.2007.
[9] 一汽丰田汽车销售有限公司.ZRE151,152系列电路图.2007.
[10] 一汽丰田汽车销售有限公司.AXP441,42系列电路图.2002.
[11] 上海大众公司.桑塔纳2000 GSi维修手册.1997.